大廃業時代の町工場生き残り戦略

HAMANO PRODUCTS

浜野製作所奮闘記

浜野慶一 著

リバネス出版

はじめに

浜野製作所は東京スカイツリーがよく見える墨田区の八広《やひろ》にあります。真っ赤な建物、真っ赤なジャージ、派手なロゴが目に付く、とても元気な会社です。

といっても、浜野製作所は父・母がつくった典型的な家族零細企業で、父の急死で僕が後を継いだあと、近隣からのもらい火で工場が全焼。当時、取引先は4社しかなく（現在、約4500社）、しかも「仕事を引き上げろ！」と言われる中で、いつ倒産してもおかしくない状況でした。

そんなどん底状況の浜野製作所を救ってくれたのが、お客様・スタッフ（社員）・地域（墨田の人）です。だから、僕はこの「お客様・スタッフ・地域」にお返しのできる浜野製作所でありたい、そして、「お客様・スタッフ・地域」に還元したいという気持ちで今日まで働いてきました。

しかし、町工場を取り巻く環境には厳しいものがあります。少し前までは、墨田区には9800社もの中小企業がありましたが、いまや2000社に減っています。

その中で、他の町工場といっしょに始めた電気自動車HOKUSAI（北斎）や深海探査艇の江戸っ子1号プロジェクト、敷地内に開いたGarage Sumida（ガレージスミダ）で始まったベンチャー企業との結びつきなど、外部との直接の付き合いを通して、浜野製作所も大きく変わり始めました。

それまでは頼まれた仕事を引き受けるだけだったのが、若いベンチャー企業や大学研究室などとの付き合いの中で、彼らがどの辺に困っているのか、世の中の需要はどこにあるのか……といったことを考える契機となったのです。

ちょうど本書が発刊される2018年には、天皇陛下に浜野製作所の見学をしていただきました。また、テレビ、ラジオ、新聞などにも、浜野製作所が取り上げられる機会が多くなりました。

その理由は何なのか、町工場が担っている量産加工からの脱出のヒントはどこにあるのか、工場的発想から脱却して知見を広め、仕事の幅を広げていくにはどうすればいいのか。

本書は、知識集団として知られるリバネス（本社・東京都）の丸幸弘ＣＥＯから、「浜野さんがいままでやってきた活動だとか、親から引き継いだ経緯、その後の進展などを整理する意味でも、一度、本にまとめてみたほうがいいよ」といわれたことが契機になっています。そして、この本にまとめるにあたって、僕自身が、そして浜野製作所が歩んできた道を振り返ってみることができました。その意味で、丸ＣＥＯには感謝しています。

真っ赤なジャージを着て、きょうも元気に働く浜野製作所。これまでの浜野製作所の取り組みを読んでいただくことで、もし読者の方が少しでも元気になっていただけたなら、これほど嬉しいことはありません。

２０１８年８月

浜野　慶一

『大廃業時代の町工場生き残り戦略』　もくじ

1章 「電気自動車」と「深海探査艇」の2つのプロジェクト

2章 Garage Sumidaがもたらした革命

2 ベンチャーにスピード感与えるGarage Sumida……71

3 テックプランターという試み……79

3章　浜野製作所の原点

4章 僕が町工場を継いだわけ

5章 町工場は技術重視か、顧客重視か

6章 若い力が町工場を育てる

カバーデザイン・本文DTP／三枝未央
構成／畑中　隆

プロローグ

浜野製作所って?

浜野製作所って、どんなところ？

「浜野製作所」と言われても、すぐにわかる人は少ないでしょう。

それなら、深海探査機の「江戸っ子1号」はご存じですか？

電気自動車のHOKUSAI（北斎）は？

ベンチャー関係の人であれば、「Garage Sumida（ガレージスミダ）」の名前はいかがでしょうか？

もし、これらの名前をちらっと聞いたことがあっても、だからといって、「浜野製作所」の名前までは知らない人が多いと思います。

最初に「浜野製作所」って、どんな会社なのか、簡単にご紹介しておきましょう。

▼いきなりのバトンタッチで始まった

1968年、僕のオヤジ、浜野嘉彦《よしひこ》が墨田区八広《やひろ》に立ち上げた工場が「浜野製作所」です。製作所といっても、家と工場とが兼用の家内工場です。その頃は、オヤジとおふくろの2人だけでやっていました。たまに職人さんを1人か2人、雇うことがあった程度の小さな町工場です。1978年には工場を新設し、かたちだけは株式会社に改めました。でも、実態は変わりません。

そして1993年にオヤジ嘉彦が亡くなり、それまで会社にいなかった僕が、いきなり代表取締役に就いたわけです。オヤジから経営の手ほどきを何も教わることなく、バトンタッチとなりました。

さらに、2000年には最悪の事態に遭遇します。建設中の本社兼工場が近隣の火災により全焼してしまうのです。それからのことは後の章でご紹介していきますが、残ってくれた従業員（といっても、金岡という男が1人のみ）と近くの工場を借り、安い足踏み式の機械（「蹴飛《けと》ばし」といいます）で金属加工を再開しました。

それからは、1人か2人ぐらいの従業員とともに徹夜の生産に追われる日々もありましたが、幸い多くの方々のご支援をいただき、会社をつづけることができました。

その後、浜野製作所はなんとか立ち直り、2003年には、墨田区より優良工場の証である「フレッシュゆめ工場モデル工場」の認定を受けました。また同年、墨田区、早稲田大学、浜野製作所による産学官の連携がスタート。以来、さまざまな大学とおつき合いがあります。現在は、小学校から大学まで、40校近い学校からのインターン生や職業体験を浜野製作所に受け入れています。

▼プロジェクトを始動

いくつかのプロジェクトも始めています。

2009年には、深海探査艇「江戸っ子1号」プロジェクトがスタートし、海底7800メートルの深海の様子を撮影することに成功しました。これはNHKで何度も放送され、話題になりました。

そして、2014年にはものづくり実験施設「Garage Sumida（ガレージスミダ）」

天皇陛下に浜野製作所をご見学いただく（陛下の右隣が浜野）

日本ものづくり大賞を受賞。浜野製作所の赤いジャージがひときわ目立った。

がオープンしています。

2018年に入ると、1月には経済産業省から「日本ものづくり大賞」を受賞し、その6月には、光栄なことに、雨の中にもかかわらず、天皇陛下に浜野までお越しいただき、浜野製作所やGarage Sumidaに関わるベンチャー（WHILL、オリィ研究所、チャレナジー）のものづくりをご見学いただきました。

2000年に火事で潰れそうだったところからなんとか這い上がってきたことを思うと感無量ですが、その背景には「お客様・スタッフ（従業員）・地域」の後押しがあったことが忘れられません。本書は、「お客様・スタッフ・地域」への感謝の思いと少しでも還元したいという気持ちで浜野製作所が動いている姿を書き記したものです。

さて、そんな浜野製作所のある東京都墨田区では、いま工場がどんどん減りつづけています。以前は9800社もあった工場が、いまや2000社、なんと5分の1にまで激減しています。

そんな町工場の2代目として、僕は何とかして墨田区を元気にしたい、町工場を元気にしたい、スタッフに還元しつづけていきたい。そんな思いもあって、現在、いろいろなプロジェクトに参画しています。

すでに触れた「江戸っ子1号」プロジェクトや実験施設「Garage Sumida」、あるいは電気自動車HOKUSAI（北斎）プロジェクトについては、あとでくわしく述べますので、ここでは、日々、墨田区の中で僕らが実践しているプロジェクトをいくつかご紹介しておきましょう。

▼アウトオブキッザニア

日本のものづくりを支えてきた町・墨田の下町文化と伝統の技を体感する職人体験プログラムとして、「アウトオブキッザニア」をスタートさせました。キッザニアとは、子どもが自分のあこがれの仕事・職場につく、という「子どもが主役の街」のことで、江東区豊洲に「キッザニア東京」があります。いわば、その「墨田区版のキッザニア」に参加しています。浜野製作所では、1枚のステンレスの板から本物の工作機械と最先端の技術を使って、高さ40センチ（1600分の1）の墨田の新たなシンボルをイ

浜野製作所におけるアウトオブキッザニア

メージした「メタルツリー」をつくります。

金属加工によるものづくりを通して、子どもたちが1枚の板から立体のタワーをつくり上げる面白さを知り、ふだん何気なく使っている身の周りのモノが一つひとつていねいにつくられていることを知る、そんなきっかけになってもらえればと思っています。そしてそうした子どもたちが将来、ものづくりの世界で活躍するようになってくれることを期待しています。

▼配財プロジェクト

東京スカイツリーが建設された東京・墨田区には、現在2000社のものづくり企業があります。皮革、木工、ウレタン、メッキ、紙、ガラス、繊維、ゴム、プラスチック、金属……さまざまな素材、さまざまな加工によって、それらの工場ではさまざまなモノが日々つくられています。

これらものづくり企業には共通の悩みがあります。それは、どの業種でも必ず製造過程で発生してしまう「廃材」の廃棄をどうするかです。産業廃棄物として廃棄する

配財プロジェクトで遊ぶ子どもたち

だけの「廃材」を、もっとエコで楽しくポジティブに活かしていくことはできないか？

こうした思いから墨田区内のものづくり企業の若手後継者を中心に、「配財プロジェクト」が結成されました（「廃材」ではなく、「配財」と書きます）。

現在、廃材を使って製作した万華鏡《まんげきょう》などのものづくり体験ワークショップ、墨田区の工場を巡るスミファなどを実施しています。「スミファ」とは「墨田ファクトリーめぐり」の略で、一般の人が墨田区の町工場を巡り、職人と話し、技術に触れ、ものがつくられていく「現場」を肌で感じ取ることのできるイベントです。

その他にも展示会企画や商品企画・デザイン、企業が社会的な責任をはたすためのCSRサポートなど、配財を通してさまざまな事業に取り組んでいます。

早足で、浜野製作所について紹介してきました。浜野製作所は下町のどこにでもある、ちっぽけな町工場のひとつに過ぎません。建屋《たてや》も小さく、目の前を気が付かずに通り過ぎてしまいます（ただ、真っ赤で明るい建屋なので、「おやっ」と気づいてもらえるかもしれません）。

ところが、そんな町工場・浜野製作所が、ありがたいことにテレビ、雑誌、新聞、

Ｗｅｂなど、多数のメディアに取り上げられています。また、一橋大学、早稲田大学など、日本のトップレベルの大学から毎年、新卒の学生に入社してもらっています。工場敷地内にはいくつものベンチャー企業が集まっていますし（本社所在地として登録）、海外ベンチャーとの取引も始まりつつあります。

「浜野さん？　知らない。なぜ、下町の工場が？」といつも言われています。たしかに、「なぜ？」です。そこで、「その秘密」というと大げさですが、僕たち浜野製作所の人間がこれまで歩んできた道のりを本書でご紹介していきたいと思います。

それはふつうの小さな町工場、潰れそうだった町工場、息子が跡を継がない町工場にだって、生き残る道がある、成長して明るく働きつづける環境にできる、お客様・地域・スタッフに貢献できる……そんな希望をお話したいと思ったからです。

では、僕たちの「町工場　浜野製作所」を見ていただきましょう。

リアルロボットバトル準優勝（2014）

工場見学ツアーの「スミファ」

1章

「電気自動車」と「深海探査艇」の2つのプロジェクト

1 電気自動車HOKUSAIプロジェクト

▼墨田区＋早稲田大学＋中小企業の連携

2003年、墨田区が早稲田大学と包括提携を結んだところから電気自動車製作プロジェクトがスタートしました。これは墨田区、早稲田大学、浜野製作所をはじめとする墨田区の中小企業の産学官連携により、観光型都市の環境に配慮した次世代モビリティの開発を目指したものです。結果的に東京スカイツリーの開業と重なるかたちとなりました。

この電気自動車は、地元ゆかりの浮世絵師、葛飾北斎にちなんで「HOKUSAI」と命名されました。

ただ、墨田区の行政主導で産学官連携クラブが立ち上がったものの、当初は何をつくるのか、決まっていたわけではありません。

墨田区のものづくりの企業を行政側が30社くらいピックアップし、「ここの社長さんだったら、お願いすれば何とか参加してくれるだろう」「ここの技術は優れているから、何か製品開発をやってもらえないだろうか」……。

はじめはそんな雰囲気でした。

▼驚天動地の「電気自動車」宣言!

そこに、すみだ中小企業センターの若き名物行政マンが登場します。

彼はいきなり、断言しました。

「これからはやっぱり電気自動車の時代だ」

当時はハイブリッドカーのトヨタのプリウスだって、まだそれほど普及していたわけではありません。その先を行く電気自動車の開発は大手各社が進めていることはわかっていましたが、実際に市場に出ていない時代です。

ただ、エンジンを載せたクルマだったら、僕らシロウトには絶対につくれないけれども、電気自動車だったら、もしかすると僕らでもつくれるかもしれません。

早稲田大学にも電気自動車の制作をしている理工学部の研究室がありましたので、その研究室と産学連携して一緒にやろうというかたちで始まったのが、この電気自動車 HOKUSAI プロジェクトでした。

▼「墨田区のウリ」って、なんだ？

しかし、なぜ墨田区は産学官連携を目指したのか。

「墨田区のウリは何か」といえば、いまでこそ「東京スカイツリー」や「北斎美術館」の名前もあげられますが、本来は大田区と並んで、「ものづくりの街」です。「ものづくりって、東大阪と大田区しか知らなかった」という人もいますが、墨田区、板橋区も、ものづくりで知られているのです。

ところが、そのウリであるはずの「ものづくり」の職人や町工場がどんどんこの地域から姿を消している。

電気自動車HOKUSAIプロジェクト

1　電気自動車HOKUSAIプロジェクト

墨田区の工場は、圧倒的に小規模零細工場ばかりです。しかもその工場も、最盛期は９８００社くらいありましたが、いまはもう２０００社ほどしかありません。そのうちの８割は従業員５人以下、その半分の１０００社はもう３人以下です。自宅と工場が一緒の〝職住一致〟がほとんどで、いわば零細家族系の工場なのです。かくいう浜野製作所だって、僕が引き継ぐ頃は同じ状態でした。

▼大学の知 ＋ 墨田の技術

また、大半は下請け業です。「ホンダの仕事をやっている」と胸を張ったところで、結局は５次、６次の下請けでした。直接、ホンダから仕事を受けている会社があって、そこから金型をもらい、その後にプレスを打つ会社があって、さらにそこから何かをやって……、やっとこさ、自分のところに仕事が回ってくる。

「部品は僕らでつくったから溶接だけやってくださいね」

という頼まれ方をする世界なのです。

本当はとてもいい技術をもっていながらも、５次、６次の下請けに甘んじている。

それでは、おおもとのお客さんに直接関わることもできないし、「こうしたほうがいい」とお客さんに現場の声を提案することさえできません。

しかも、そういう職人も墨田区からどんどん減ってしまっている。そんな現実をどうしたらいいのか。これから墨田区はどうなるんだ、どうするんだ？　そんな危機感を抱いたときに、やはり何だかんだと言っても、俺たちは「ものづくり」だ、これを何とかしようというところに帰ってきたのです。やっぱり、墨田のウリは「ものづくりだ」と。

大学の知識、墨田の町工場の職人がもっている技術。それらをうまくドッキングさせ、最終的に消費者に結びつくような商品開発、製品開発につなげて中小企業を元気にしよう、と考えたのです。

▼部品をイチからつくらず、電気自動車を！

そこから始まったのが電気自動車「HOKUSAIプロジェクト」でした。

まず、「すみだ産学官連携クラブ」をつくって、クルマに関係する技術をもっている会社、たとえば塗装、板金《ばんきん》、電子部材の会社を10社くらい集め、「すみだ次世代モビリティ開発コンソーシアム」を産学官連携クラブの中に立ち上げました。そこから電気自動車をつくろうということです。

とりあえずどんなことをやるかは、早稲田大学に見学に行ったり、大学の担当者の方に説明に来ていただきました。

後になってから、いろいろな人に、「主力のモーターはどうやって開発したの?」と聞かれますが、モーターをわざわざつくる必要はありません。モーターは市場にすでに出回っていますから、「あるものはすべて市場から調達する」というスタンスです。その他、墨田区の工場でできる電気自動車のパーツをつくっていこうというのが、行政の心積もりでした。

こうして、われわれで電気自動車製作の機運が盛り上がってきたところで、早稲田大学の先生を審査員長にして、電気自動車のデザインコンペを催しました。プロのデザイナーもシロウトの方も交えた一般公募で、最優秀賞の作品を基に1号機の開発プロジェクトがスタートしました。

▼試行錯誤の連続

しかし、それまで誰も電気自動車などつくった経験がありません。そこで電気自動車を手がけているという人に教えを請いに行ったりもしました。話を聞けるところには出かけていきました。

それでも、やはりイチから電気自動車をつくることはできなくて（モーターを買ったりしても）、トヨタ・コムスという超小型電気自動車をベースに改造を加え、ようやく第1号機ができあがったしだいです。

その製作は行政主導の10社連合というかたちになっていますが、実際のところは1号機、2号機ともに、浜野製作所がメインになってほとんどをつくりあげました。というのは、理由があるからです。

塗装工場にしても本当に小さい町工場なので、クルマのような大きなドアは塗装できません。電子部材を請け負った工場も、普段の仕事はお客さんに型番を言われて、それをメーカーに発注しているに過ぎませんから、誰もクルマの形を実現するノウハウをもっていないのです。

しかも、本当に小さな町工場ばかりでしたので、クルマづくりに専念しているわけにはいきません。目の前の仕事をこなさなければ、月々の支払いにも事欠きます。月1回の夜の会議には顔を出せても、実際のものづくりとなると、関わりたい気持ちは十二分にもっていてもできないのです。

▼「HOKUSAI」1号機、誕生！

先ほども述べたように、電気自動車づくりについて言えば、モーターをイチから開発したとか、バッテリーや電子部品をみずからつくったということではありません。

ベースになるクルマをもとにして、それをどのようにHOKUSAIとして改造していくか、そんなクルマづくりでした。

「なんだ、それじゃぁ、大したことないな」と思われるかもしれませんが、それでも、この部分を補強して、ここにバッテリーを積んで、座席はこういうふうにして、デザインもこうすると、あれ、ドアはどうするんだ？……と、検討し、試行錯誤する部分はたくさんありました。

実際につくってみるとわかることですが、クルマは本当によくできている、と感心します。

ドアをガチャンと閉めても（高級車は音も違いますが）、開けるときにはスムーズに開かないといけない。そんなことは当たり前のことですが、これがかなり、むずかしい。サイドブレーキもきちんと効かないと、坂道に停めておくのもままならない。

しかし、やはりクルマなので、まずはちゃんと、「走って、止まれて、曲がれる」という3つの基本的な性能が大事です。

あとは全体的なバランスです。結構いろいろなすり合わせ、調整的なことが出てきます。たとえばドアとボンネット。ドアが閉まったときはカチャンとロックがかかるけれど、中の人からはラクに開けられる。細かいことを言えばきりがありません。問題は次から次へと出てきます。

しかし、そこを何とかクリアして、また部品をつくり替えて、試行錯誤。結局、スタートしてから1年半ほどの時間はかかりましたが、何とか1台目の電気自動車

「HOKUSAI」が誕生した、というところです。

▼さまざまな電気自動車を見てまわる

電気自動車についていえば、そのころ浜松で電気自動車をつくっている中小企業がありました。その株式会社Takayanagi（欧文の社名）が、浜松美術大学との産学連携でつくっているのが、ミルイラEVという超小型の電気自動車です。

株式会社Takayanagiの、社長・高柳力也さんにアドバイスをもらったり、実際に電気自動車ミルイラEVに試乗させていただいたりしました。高柳さんとは現在でも親しくさせてもらっています。

そんな活動も「すみだ次世代モビリティ開発コンソーシアム」が立ち上がったときからいろいろやっていました。

電気自動車を開発するにあたっては、ほかの地域・自治体が、産学官連携でやっているような事例を見せてもらったりしました。産学官の連携そのものが、どうすればうまくいくのか、それすら知らなかったからです。

また当時、早稲田大学の理工学部でつくっていた電気自動車もあったので、それも見学に行ったり話を聞いたりしながら、つくり始めたのです。

電気自動車をつくっていたからといって、浜野製作所の本業がラクだったわけではありません。ただ、この経験を通して、他の人々と接触することで得る刺激、ノウハウ、ヒントなど、さまざまな気づきがあったことは浜野製作所にとって大きな資産になっています。

もうひとつのビッグプロジェクトもご紹介しましょう。こちらはさらにスケールアップしたプロジェクトでした。

2 深海探査艇・江戸っ子1号プロジェクト

▼東大阪発の人工衛星「まいど1号」の打ち上げ成功

２００９年、東京下町の町工場が力を合わせ、８０００メートル級の深海を目指す深海探査艇・江戸っ子１号プロジェクトがスタートしました。この江戸っ子１号は、２０１３年の房総半島沖での深海実験で、世界で初めて７８００メートルという超深海での３Ｄ生物撮影に成功し、国内外から大きな反響を呼びました。

江戸っ子１号プロジェクトは、「産学官金連携プロジェクト」として、東京都・千葉県の中小企業６社と、支援団体（大学・研究所・信用金庫・支援企業・ボランティアなど）によって形成されたものです。

海底探査機「江戸っ子1号」で墨田の心意気を示した

プロジェクト推進委員会の委員長は、葛飾区の杉野ゴム化学工業所の杉野行雄さんです。僕は副委員長を仰せつかりました。

杉野さんの会社も従業員が5人ほどしかいない、典型的な家族経営の会社です。杉野さん自身、ものづくりが大好きな人で、江戸っ子1号をつくろうという話になりました。

なぜ、「世界で初めて」という大それたプロジェクトを手がけることになったのか。

杉野さんはゴム職人として優秀な技術をもっていて「東京マイスター」に認定されていました。そんな関係もあり、杉野さんは当時、葛飾区のゴム工業組合の会長をされていたようです。

それが２００９年くらいのこと、リーマンショック（２００８年）の後の頃のことです。

葛飾区のゴム工業組合では、数か月に１回、集会をどこかの会館を借りてやっていました。みんな仕事を終え、着替えてから三々五々集まってきます。ただ、やっぱり元気がない。

「もう、本当に週に３日分くらいの仕事しかない」とか、「毎日、午後にはあがっているよ」「いいじゃないか、俺んところは、掃除ばかりしてるよ」と、そんな景気の悪い話ばかりが出てきます。

「そんなときこそ、元気のある人に話を聞きに行こうよ」ということで、東大阪に行くことになったのです。

なぜ東大阪市かといえば、２００８年、大阪の中小企業が組織した東大阪宇宙開発協同組合による人工衛星「まいど１号」が打ち上げに成功し、話題になっていたためです。

▼大阪が宇宙なら、東京は深海だ

東大阪宇宙開発協同組合のリーダーは青木豊彦さん。青木さんは、ボーイング社の航空部品の製造も行なっている「株式会社アオキ」を経営しており、東大阪市ものづくり親善大使も務めているエネルギッシュな人です。

その青木さんの話に杉野会長が触発されたことが発端になったのが、江戸っ子1号プロジェクトの始まりでした。

「東大阪の町工場でできたんだから、東京の町工場だってやろうと思えばできるはずだよな」

「大阪は西で、東京は東。西が上(宇宙)だったら、こっちは反対の下(深海)をやろう」

「あっちが『まいど1号』なら、こっちは『江戸っ子1号』にしよう」

という、半分冗談みたいなところからプロジェクトがどうやら始まったらしいのです。「らしい」というのは、最初はこのプロジェクトに僕は関わっていなかったからです。

もちろん、プロジェクトはとんとん拍子に進んだわけではありません。お酒を飲んで盛り上がって、「よし、みんなでやろうぜ」と言って意気揚々と東京に帰ってきたところまではいいけれど、その後、杉野さんがいくら声をかけても誰も集まりません。

大阪の青木さんの話を聞いた直後はお酒の勢いもあって、「よし、俺たちもやろうやろう」「頑張ろう」と威勢も良かったらしいのですが、冷静になって考えてみると、「いや、そんなこと、やってる場合じゃないでしょ、仕事が先！」と現実に戻されてしまったのです。

▼浜野に深海プロジェクト話が降ってきた

こうして深海プロジェクトの話に、残念ながら誰も乗ってこなくなり、そこで東京東《ひがし》信用金庫が経済産業省から委託を受けている事業である中小企業応援センターに、杉野さんが「こんなものをつくりたいと思っているんですけど」と相談に行かれたのです。

当時、東京東信用金庫は、店舗エリア内にあるいくつかの大学と産学連携という協定を結んでいて、江東区の豊洲にあった芝浦工業大学、同じく江東区にあった東京海洋大学と協定を結んでいました。

東京東信用金庫では、中小企業診断士や税理士、芝浦工業大学の産学連携のコーディネーターという人たちに窓口にきてもらい、技術的な相談であれば「毎週木曜日に芝浦工業大学の産学連携コーディネーターの方がいるので、その日に相談にきてくださいね」といった事業を行なっていました。

そこで、杉野さんが東京東信用金庫の中小企業応援センターに相談に行かれたときに、「産学官連携で電気自動車 HOKUSAI プロジェクトを実際にやっている、浜野さんという人がいる。彼に話をしてみたらどうだろう」ということになり、「えっ、浜野さん？　彼なら知っている、ヨシ、声をかけてみよう」ということになったようです。

そのときに窓口にいたのが、芝浦工業大学の産学連携のコーディネーターをやっていた桂川正巳さんという人でした。

桂川さんは東京大学の原子力工学科の出身で、動力炉・核燃料開発事業団（動燃）を定年退職され、芝浦工業大学の産学連携コーディネーターに応募して、採用された人でした。

たまたま桂川さんの大学の後輩で、海洋研究開発機構（JAMSTEC：ジャムステック）の理事をしている方がいて、そこから海洋研究開発機構とつなげていただいたのです。

▼深海探査の夢は広がるが……

杉野さんが僕のところに相談に来られ、その話をお聞きしているうちに、「面白そうだな、やってみようか」とすぐに思い立ちました。

「せっかくやるんだったら、ちゃんとやろうよ」と。そうすると、ゴム屋さん（杉野さん）と金属屋（浜野）だけではどうみても無理なので、東京東信用金庫のお客さんで技術をもっている会社に声をかけ、まず海洋研究開発機構を見学させてもらおうということになりました。

結果として、杉野ゴム化学工業所と浜野製作所を入れて30社くらいで、横須賀の追浜にある海洋研究開発機構に見学に行きました。

海洋研究開発機構では潜水艦や有人潜水調査船「しんかい６５００」をはじめとして、いろいろ説明をしていただきました。

「僕らも、しんかい６５００みたいなものをつくりたいよね」

「海底をグーッと走って、レアメタルだとか、海底にいる、まだほとんど生態のわかってない魚、発見されてもいない変な生き物を直接調査できるような船ができたらいいよね」って。

しかし、そこに現実が立ちはだかりました。

「しんかい６５００みたいな船をつくりたいんですけど、どのぐらいかかりますか」と聞いたときです。数十億円から数百億円……という答えが返ってきました。言われた瞬間、一同、それまでの高揚感も一気に冷めてしまいました。「いやぁ、やっぱり中小企業には無理だったよ」と。

▼500時間勉強しても何も生まれない

お酒を飲んだ席では夢いっぱいの壮大な話に盛り上がりますが、現実を目の当たりにすると、思わずみんな黙りこくってしまいます。

結局、杉野さんと僕の2人に戻ってしまい、「で、どうしようかね」という話です。もう1回、組織づくりから始めたほうがいいんじゃないか。メンバーもあらためて応募しよう。何だかんだと言ってもやっぱりお金がかかるので、ちゃんとお金集めをまずやらないといけない……。そんな話がつづきます。

僕ら自身が海底のことや水圧のことが何ひとつわかっていないから、何から着手すればいいのか、何が不要なのかも全然わからない。「プロジェクトが始まる前に下準備として海や海底のことについて勉強したらいいんじゃないか」という提案があがったのです。

それから、月に1回くらいずつ芝浦工業大学の先生だったり、海洋研究開発機構の研究員の方だったり、東京海洋大学の先生のところに行って、いろいろと勉強させてもらいました。

杉野さんと僕と東京東信用金庫の担当者とで、その勉強は1年2か月くらいつづいたのです。

あるとき、海洋研究開発機構の研究員の方に呼ばれて、「いやぁ、杉野さん、浜野さん、あんたらの一生懸命さはわかるけれども、あと200時間勉強しても500時間勉強しても、絶対に船はできないよ」と言われたのです。

「まず、小さいものでもいいから、とりあえずつくってみて、桶でもお風呂でもプールでもいいから、ジャボンって沈めてごらんよ。そうしたら何をしたらよいかが見えてくるから」と。

▼売っているものはつくらず、買えばいい！

研究員の方はさらにこうつづけます。

「実を言うとね、もう50年も60年も前に、海洋開発機構が海底調査をしたとき、こういうものをつくったことがあるんですよ」と。

それが江戸っ子1号の原型になるものでした。フリーフォール型と呼ばれる海底探査機です。

「フリーフォール型」というと聞こえがいいのですが、「自然に落ちる」、つまり、しんかい6500のように海底を自力走行できる能力などはなく、重りをつけて海にドーンと沈め、海底まで行ったら写真を撮るというものでした。

「大きなガラス玉でできていて、その中にカメラを設置します。まず、圧力に耐えるガラス球をつくらないといけないし、真っ暗なので照明もつけなければいけない。照明といっても当時はLEDなどなかったので、電源をどう取るとか……。そういうところから一つひとつ全部自分たちでつくらないといけなかった。けれども、今なら通販で売ってますよ」

という話もしてくれました。

ヨーロッパには海底や海洋専門のコネクターなどをつくっている20～30人規模、あるいは100人くらいの規模の会社がたくさんあって、ネットを見れば海底探査用の部品なんていくらでも手に入るという話です。そう言われてネットを見ると、たしかにいっぱい売っていました。

前述した電気自動車の話と同じです。モーターとかバッテリーからつくろうと考えていたら、途方もなく時間もかかるし、お金もかかる。

「もうあるものはつくろうと思わずに、とりあえず必要な部材を購入して、それを組み合わせたらいいんじゃないの」と教えてくれたのです。「車輪の再発明はしない」という発想です。

1年2か月というもの、ずっと「圧力、自力走行、照明……どうしよう?」と勉強ばかりしていたものが、「売っているものを買ってきて、フリーフォール型でやってみる」という話を聞いたとたん、視界が開けてきて、「それだったらできるかもしれない」と、一気に変わってきました。

ちょうど東京東信用金庫のお客さんの中に、ガラスをつくっている加工屋さんがいて、その社長さんが僕たちの活動がニュースになった記事を見て、「ぜひ、ウチにもやらせてほしい」と入ってこられたこともありました。

▼日本海溝、銚子沖200キロの探査

海洋研究開発機構に相談に乗ってもらいながら探査機をつくり始めてからは、江ノ島水族館で実験をさせてもらいました。

お客さんがすべて帰ったあと、江ノ島水族館のいちばん深い12メートルの水槽に、ダイバーさんにもおつき合いいただいて、探査機がどういうふうに沈むのか、実験を10回以上やってみました。

その結果にある程度満足できる段階になると、次には江ノ島の前の相模湾の200メートルの深さでも実験しました。

そうした実験の結果がだいたいある程度のところまできたので、次は8000メートルくらいのところまで潜らせようと決めたのが、2013年11月22日でした。日本海溝、銚子沖200キロくらいのところです。この実験はNHKでも放送されましたので、ご覧になった人もいるかもしれません。

8000メートルの深海になると、そこで生きていくための糧になる餌はほとん

どいないようです。僕らの江戸っ子1号が深海に到着すると、いろいろな魚が集まってきます。われわれが調査のために落とした餌に食らいついていました。

深海に住む彼らにとっては、一生に一度あるかないかのお祭りのようだ、とナレーションされていました。

HOKUSAIプロジェクトのときには、浜野製作所が製作についてはほぼ1社で実質的につくったので、製作のプロセスについては苦労があったものの、チームワークという点はあまり考えなくても済んだ面があります。

しかし、江戸っ子1号プロジェクトでは多数の会社の連合体でしたので、また違うチーム仕事の側面を経験することができました。

3 プロジェクトが斜陽産業を救う

▼技術に付加価値をつける

この2つのプロジェクトの経験を通して、浜野製作所としてあらためて考えたことがあります。

まず第1に、僕らは金属加工屋として培ってきた技術なり経験があって、それが僕らのコア技術であるということです。

でも残念なことに、金属部品加工はどんどん単価が下がる方向にあって、まさしく昔のメリヤスといった繊維産業のように日本の中では斜陽産業になってしまいます。部品加工だけで生き残ろうとするならば、ある程度、量産をしなければ会社として成り立ちません。そうなると海外に工場を建てるなどの方法で活路を見出さなければならないかもしれないのです。

大手の1次下請け、2次下請けくらいでやれるステージであれば、まだ可能性はあるかもしれませんが、それも2～3年はいいとして、今後、5～6年もメシを食っていけるかというと、厳しい時期に当たっています。

それでも僕らは、やっぱり部品加工ができるというのが最大のメリットであり、強みであることに間違いありません。

部品加工だけでは成り立たなくなってきているのであれば、何か枝葉をつけていくことで、僕らが培ってきた技術なり、経験に付加価値をつけることができるのではないか。われわれの次の道筋ができるのではないかと考えています。

そこでたとえば、世の中の役に立ったり、現在の社会の課題を解決するような装置開発のプロジェクトにつながることができれば、金属部品加工にも付加価値がつけられるのではないか、と考えたりしています。

それが、HOKUSAIプロジェクト、江戸っ子1号プロジェクトを通して実感したことです。

▼社長自身が成長する

2点目は、僕らには制御だとか電子だとか通信の知識がないことです。では、僕らは金属部品屋としてこれからどうしたらいいのか。そこをあらためて、プロジェクトを通して実感しました。

まず社長がプロジェクトに参加して、うまくいくことも、うまくいかないことも自分で経験しない限りは、会社の方向性とか未来は変わらないだろうな、ということです。

専門外のことを含んだプロジェクトを僕ら中小の町工場が手掛けようとすると、大手企業をリタイアされた経験者の人を採用して「設計をお願いします」とか「通信部分をお任せしたい」と、大事な部分を投げてしまうのです。

しかしそれでは会社の未来は開けません。電気や通信の技術者になる必要はないけれど、会社自身の方向性を切り開いていくためには、自分でプロジェクトを経験し、そこから浜野製作所の未来を探らなければいけない。電気や通信の技術も身に着けていかないといけない。

ですから、実を言えば、僕自身の社長教育のために「電気自動車HOKUSAIプロジェクト」に参加し、「江戸っ子1号プロジェクト」にも加わったというのが、偽らざるきっかけだったのです。

▼「浜野製作所」の名前がマスコミに出たぞ！

思いがけないこともありました。

それは、マスコミに取り上げてもらったことです。プロジェクトの内容・進行がテレビ、新聞、雑誌と、さまざまな媒体に取り上げられたことで、まず自分自身のモチベーションが上がりました。

これらのプロジェクトの進行によって、浜野製作所の名前が新聞に載るようになると、家族も、「パパの会社がこんなところに出てるよ」「パパの会社はこんなのつくってるんだね」と僕をあらためて認めてくれ、喜んでくれました。

それともうひとつは、いろいろな人々との新しいご縁ができたことです。

「テレビで見ました、新聞で見ました、雑誌で拝見しました」

ということが糸口になって、

「ちょっと、こんなことで相談に乗ってもらえませんか」

「こんなものを考えているんですけど」

といった依頼が増えたのです。これは想定していなかったことです。

そして、これらプロジェクトに負けない、いや、圧倒的に大きなインパクトを浜野製作所に与えているのが、Garage Sumida（ガレージスミダ）の事業です。

次に、この Garage Sumida の話をすることにしましょう。

2章

Garage Sumidaがもたらした革命

1 Garage Sumidaの誕生！

▼激減した東京の町工場

僕たちは２０１４年から、浜野製作所の敷地内に「Garage Sumida（ガレージスミダ）」という、ものづくり実験施設を運営しています。

そこには３Ｄプリンターやレーザーカッター、ＣＮＣ加工機などの最新デジタル工作機器を設置していて、ベンチャーをはじめ、大手新規開発部門、大学・研究機関、デザイナー・クリエイターなど、さまざまな業界・業種の製品開発の企画・設計・開発から試作・量産まで、われわれ浜野製作所のベテラン職人が一貫したサポートを行なっています。ありがたいことに、その活動は大変高く評価していただいて

ものづくり実験施設Garage Sumida

1　Garage Sumidaの誕生！

います。

まずは、Garage Sumidaをつくった目的、実際の運用方法などについて、ご説明しておきましょう。

Garage Sumidaの設立は、2014年4月16日です。

墨田区に「新ものづくり創出拠点整備事業」というプロジェクトがあって、初年度である2013年度に浜野製作所が採択されました。3回目には「知識製造業」を標榜するベンチャー企業、リバネス（東京都・丸幸弘代表取締役CEO）のアグリガレージが採択されています。

ここで「リバネス」という社名が登場しましたが、同社は全員、理系研究者の修士・博士という会社で（最近は文系も採用し始めている）、ベンチャーへの投資・育成などを事業としている会社です。同社と浜野製作所とはさまざまな関係をもっていて、この後、何度も名前が出てくることになりますが、最初のつながりは、浜野に来ていた一橋大学のインターンシップ学生による紹介がきっかけでした。その学生がたまたまリバネスの高橋修一郎さん（同社・代表取締役社長）の高校時代の後輩にあたり、「リバネスという研究者集団があって、とても面白いことをしている。ぜひ会ってみてください」と言います。こうして、同社の高橋さん、松原尚子さん、長谷川和宏さん（現在、浜野製作所取締役を兼任）、丸幸弘CEOなど、強烈な個性をもつ人々との付き合いが始まり、後に述べる多数のベンチャーとの付き合いも始まったのです。リバネスの名前は、この後よく出てきますが、Garage Sumida にも深く関わりをもってきますので、先に紹介をしておきました。

▼一度消えた町工場は二度と復活しない

さて、墨田区内での工場も減り方が著しく、すでに述べてきたことですが、墨田区内に９８００社あった工場が、いまや２０００社にまで激減しています。

浜野製作所では創業から40年、ずっと金属加工を手がけてきました。ものをつくるなかで、溶接・板金などの基盤技術をもつ工場がなくなりつつあります。ものをつくるベースとなる技術です。

これらの工場が閉じられ、その火が一度消えてしまうと、その後になって、「ヨシ、これからメッキをやるぞ」「金型をやるぞ」と復活するのは不可能ですし、今後、創業・起業はあり得ません。それはなぜでしょうか。

第1の理由として、日本のような先進国であればあるほど、IT関係で起業しようという人が多いことがあげられます。何といっても、IT産業は頭脳型で、僕から見てもカッコいい。

そして第2に、理由としてはこちらのほうが大きいのですが、ものづくりで起業するためには、設備工場が必要になり、まず資金がかかる。技術も必要だ。そういう意味で、「今からものづくりで創業しよう、起業しよう！」という人はどうしても少なくなります。

今後、墨田区でも2000社の町工場がさらに減ることはあっても、大幅に増えることはないでしょう。しかし町工場は、日本の産業を支える大切な技術、ノウハウをもっているのも確かです。そうした技術、またその技術をもっている町工場を消すことなく、なんとか残さないといけない。僕はそう思っています。

僕は2代目経営者ということもあって、先代からの浜野製作所を引き継いでいます。ですから、僕らの代で町工場の火を絶やすことなく、次の世代につなげていか

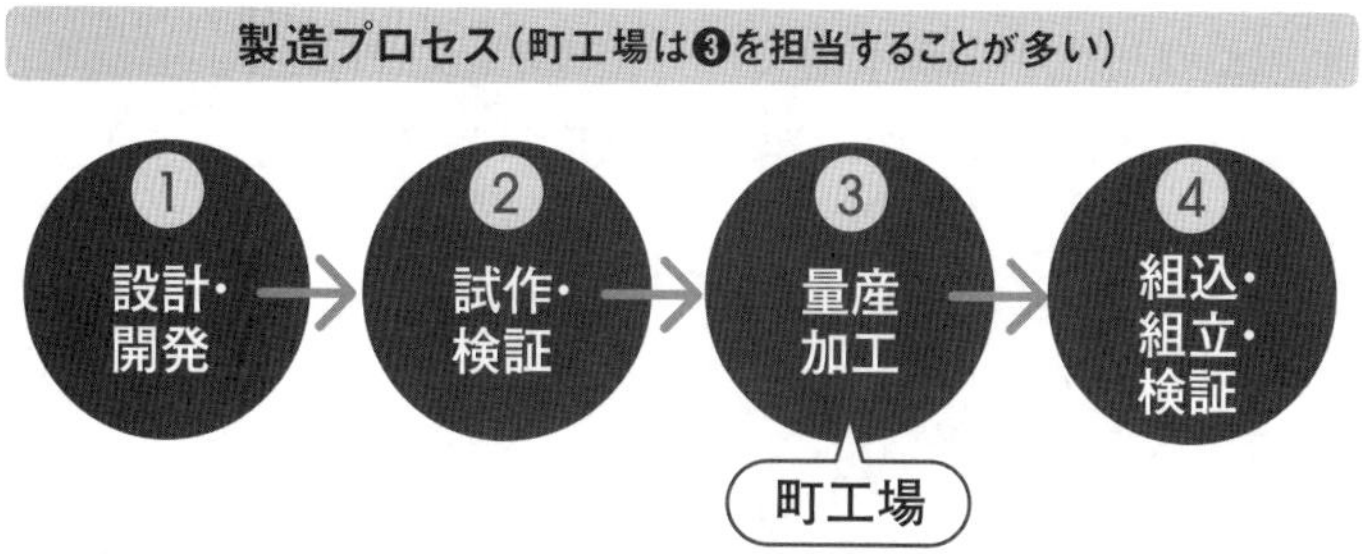

ないといけない、という責務があるわけです。

▼東京の弱点を強みに変える

ものづくりの工程にはいくつかの段階があります。その中で町工場が担っているのは、主に3番目の「量産加工」の部分が多いのが現実です。

製品の製作プロセスは上図でいうと、左から右へと流れていきます。町工場が担っている量産加工のプロセスは儲からない領域なので、どうしても人件費・土地代が安いところへと生産拠点が移っていきます。東京はどう見ても人件費・土地代が高いので、工場の維持には圧倒的に不利です。

これが墨田区から多くの工場が消えたひとつの理由といえます。

東京という地域で町工場を経営していくのは、大きなハンデを背負っていることになります。日本は他のアジア諸国に比べて人件費・土地代が高いわけで、その日本の中でも東京は別格で、工場を経営するのは圧倒的に悪条件がそろっているのです。

しかも、周りにはたくさんの住民が住んでいるので、工場が稼働できる時間も他地域に比べて制約されます。実際、都内ですと日中しか機械を動かせませんが、地方の工場なら2交代、3交代で一日中、３６５日稼働することができます。条件がまったく違うのです。

「人件費が高い、土地代が高い、稼働時間が短い……」と、日本でいちばんものづくりに適していない場所で、僕らは仕事をしているのかもしれません。

そんな不利な条件がそろっているのなら、いっそのこと他県、あるいはアジアに工場を移そうかとも考えますが、なぜ移さないのか。

「いや待てよ、東京という場所は一見すると、ものづくりではもっとも適していない場所に見えるけれども、逆に東京の弱点を最大の強み、武器に変えられる可能性もあるのではないだろうか」

と、僕たちはそんなことを考えていました。

▼タイミングがちょうど合った！

ちょうどそんなことを考えていたときに、墨田区から「新ものづくり創出拠点整備事業」の話が出てきたのです。「空き工場を利用する」という条件が付いていましたが、ものづくりの新たなことにチャレンジする企業に助成する、というものでした。

浜野製作所にとっては、ちょうどいいタイミングでした。

そこで、できるかどうかは別として、次の2つのことをやってみようと思ったのです。先ほどの図の3番目にあった「量産加工」（儲からない）から、

①情報の上流（左側の2番目、1番目）へのコミット

②下請け体質からの脱却

ということです。

顧客を失うことはどんな企業にとっても死活問題です。それが怖いので、どうし

ても相手の言いなり、下請け体質にならざるを得ない。理不尽なことだって飲まざるを得なくなります。元請けの言うことを聞かなければ、仕事を引き上げられてしまいかねないからです。関係が対等ではないのです。

しかしこれは、町工場のステージが低いことが原因ではありません。僕たちが技術・実力を示していないことにこそ、原因があるのではないか。僕らの技術を製品開発に提供できるような、サービス、技術レベルを具体的に提示することによって、大手企業や元請け、時代の最先端を行く企業とも対等に話せる関係になれるよう、チャレンジする必要があるはずだ……。

そう考えていくと、金属加工の仕事だけでは、やれることには限界があります。そこで、これを打破するには何をしていくか。僕が考えたのは、先ほどの①、②に続けて、次の③でした。

③ネットワークを活用しよう。

2 ベンチャーにスピード感与える Garage Sumida

▼高度な情報を活かした先進的なものづくり

「人件費が高い、土地代が高い、稼働時間が短い」といった東京のデメリットをあげつらっていても、何も解決しません。そんなことより、せっかく東京にいるのなら、逆に東京の優位性に着目したい。では何があるか？

すぐに考えついたのが、「東京は高度な情報が集まる都市なので、そのメリットで挑戦していこう！」ということです。では、実際に何をやったらいいのか、それがわからない。

いくつかの仮説を立て、先進的なものづくりに挑戦していこうと考えました。具

体的には、

①実験工房的なもの

②マーケティング的な要素を含んだ設備

それがGarage Sumidaでした。Garage Sumidaをつくって、ひと儲けしようと考えたわけではありません。

そのような施設をつくることで、さまざまな企業、とくにこれまでつき合いのなかったベンチャー企業などの多種多様な問い合わせに接し、それを解決していくことで、「世の中の隠れたニーズや新しい動きを知ろう、探ろう、対応してみよう」と。

▼WHILLの次世代型電動車椅子

その中に、次世代型の電動車椅子を開発しようと奮闘していたWHILL（ウィル：神奈川県・杉江 理 代表取締役兼CEO）がありました。

彼らは設計や基本的なものづくり（試作品）はできたものの、その図面通りにつくっていっても、なぜか車輪が思うように回らない、うまく機能しない。もちろん自分たちでも検査をしたけれど、なぜ思うように回らないのかがわからない……。そんな問題に悩んでいました。

彼らはこのとき、切羽詰まっていました。というのも、あるベンチャーキャピタルの審査が迫っていたからです。

WHILLの電動車椅子　（写真提供:WHILL）

その審査の場に「実物」をつくって提供し、彼らの評価を得て、大きな開発資金を獲得しようと考えていたのですが、肝心の「モノ」ができない。というよりも、つくってみたけれど、思ったように動いてくれないので焦っていたわけです。このままでは投資家から良い評価を得られるはずがありません。

その様子を見て、前述の「知識製造業」リバネスの丸幸弘ＣＥＯ

から、「WHILLを助けてくれないか」と連絡が入りました。

▼ベンチャー企業に「スピード感」のアシストをする

WHILLの電動車椅子は、前輪が小さな24個のローラーで構成されており、車輪として前進・後進するだけでなく、個々のローラーが回転することで車輪の向きを変えなくても横方向に動きます。寸法通りにつくってあったけれど、たしかにタイヤがうまく回らない。

そこで、いつもどおり当社の専務である金岡裕之に任せ、検証してみると……。結局、溶接の際にできた「1ミリにも満たない小さな膨らみ」に原因があることを突き止めました。そこで通常の溶接ではなく、最新のレーザー溶接法によって膨らみをなくすことで滑らかに動くようにできたのです。結果的に、WHILLは無事に投資も得られ、2014年に初号機であるWHILL Model Aの商品化にまでつなげることができました。

WHILLの内藤淳平CDO（最高開発責任者）がテレビ取材に対し、「浜野製作所による、このスピード感はありがたい！」と言ってくれていましたが、たしかに僕らの強みと武器はこのスピード感なんだ、と思います。

ここで僕が言いたいのは、「ベンチャー企業が立ち上げをする場所は、シリコンバレー、中国の深圳《しんせん》だけではないんだ。日本の墨田区にも、その場はあるんだ！」ということです。そのことをぜひとも、発信していきたいと思っています。

▼「餅は餅屋」で、町工場みんなで解決する

オリィ研究所（東京都・吉藤健太朗 代表取締役ＣＥＯ）という、かなり異色のロボット製造会社があります。

ロボットといえば、人間に代わって重いものを持ち上げてくれるとか、危険なところに入っていけるとか、それを着用すると力持ちになれるロボットスーツといったものを連想しがちです。

ところが、オリィ研究所のロボットは、「人を癒やす」ことを目的につくられています。その名も「OriHime（オリヒメ）」といいます。

このOriHimeを開発しているオリィ研究所は、手づくりでロボットをつくっていました。

オリィ研究所だけではありませんが、多くのものづくり系のベンチャー企業では、試作品や少量の製品までは対応できるけれど、量販しようとすると、そもそも誰に相談したらよいのかがわからない、というところで悩んでいます。工場との接点をもたないからです。これはベンチャー企業の宿命のひとつだと思います。

オリィ研究所のケースも、WHILL同様、リバネスの丸ＣＥＯから話が来ました。

オリィ研究所のOriHime
（写真提供:オリィ研究所）

ただし、僕らだって何でも相談に対応できるわけではありません。浜野製作所の専門はあくまでも金属加工です。内部の部材加工の部分ではオリィ研究所の求めに協力できても、外装の成形プラスチック部分までは僕らには対応できません。餅は餅屋の技術が必要です。

そこで、浜野製作所が以前からつき合っていた大田区のプラスチック成形会社を紹介しました。僕らにできないことは、町工場のネットワークを通じて処理をする。もともと町工場は、そうやって仕事を回してきたのです。いま流の言葉でいえば、エコシステムです。

現在、オリィ研究所の癒やしロボット「OriHime」はテレビや新聞にも大きく取り上げられています。

▼強い思いに打たれる

癒やしロボット「OriHime」にも感心してしまいますが、オリィ研究所の吉藤健太朗代表にも、僕は心を打たれました。

吉藤健太朗さんがリバネスの紹介で僕のところにやってきた当時、彼は20歳台の前半でした。とても若いし、早稲田大学に在籍しているのに、将来、大手企業に入って出世しようといった気持ちは微塵もない。

身体が不自由な人、あるいは他人とのコミュニケーションが十分に取れないで困っている人にこのロボットを届け、周りの人とコミュニケーションを図れるようにしたい、という思いにあふれていました。

　彼の生い立ちを聞くと、彼自身が引きこもりになった経験をもっており、とても苦労している。彼のロボットへ込める思いを聞くと、「こんなに志の高い若者が日本にもいるんだ。日本も案外、捨てたものじゃない」と、年長の僕のほうが妙に感心してしまいました。

3 テックプランターという試み

▼ものづくりベンチャーに支援を

ところで、WHILLも、オリィ研究所も、リバネスからの紹介だと述べました。これはリバネスの丸幸弘CEOとの個人的なつながりがあったことから、たまたま始まったことでした。

彼が、技術や経営面で支援しているものづくりベンチャーが困っているので、何とか助けてほしいということで、駆け込み寺的にその要請を受けてきましたが、いつまでも「個人的なつき合い」や「たまたま知っている企業」ということでは、限界があります。というのも、そのような悩みをもつベンチャー企業は日本全国にたくさんあるに違いないからです。

いつまでも、丸CEOや僕らと個人的なつながりがある企業だけに対応していては、数多くのベンチャーの悩みを救うことはできません。

もっと大きな枠組みをつくって対応できないか……。

そもそも日本では、志をもってベンチャー、とくにものづくりベンチャーを立ち上げようとしても、銀行も、ベンチャーキャピタルもなかなか資金を出してくれないのが現実です。また技術的にも、ＩＴ系ならまだ理解できても、ものづくり系となると、審査する側も技術的な内容・市場・将来性などを評価できないのです。

それをどう打開するか。そこで、リバネスが２０１３年に立ち上げたのが、「テックプランター」という枠組みでした。「技術（テック）を育てる鉢（プランター）」、つまりものづくり系ベンチャーに資金、技術、経営などの支援をしていこうという枠組みをつくったのです。

▼事業としての芽を発掘する

テックプランターのスキーム

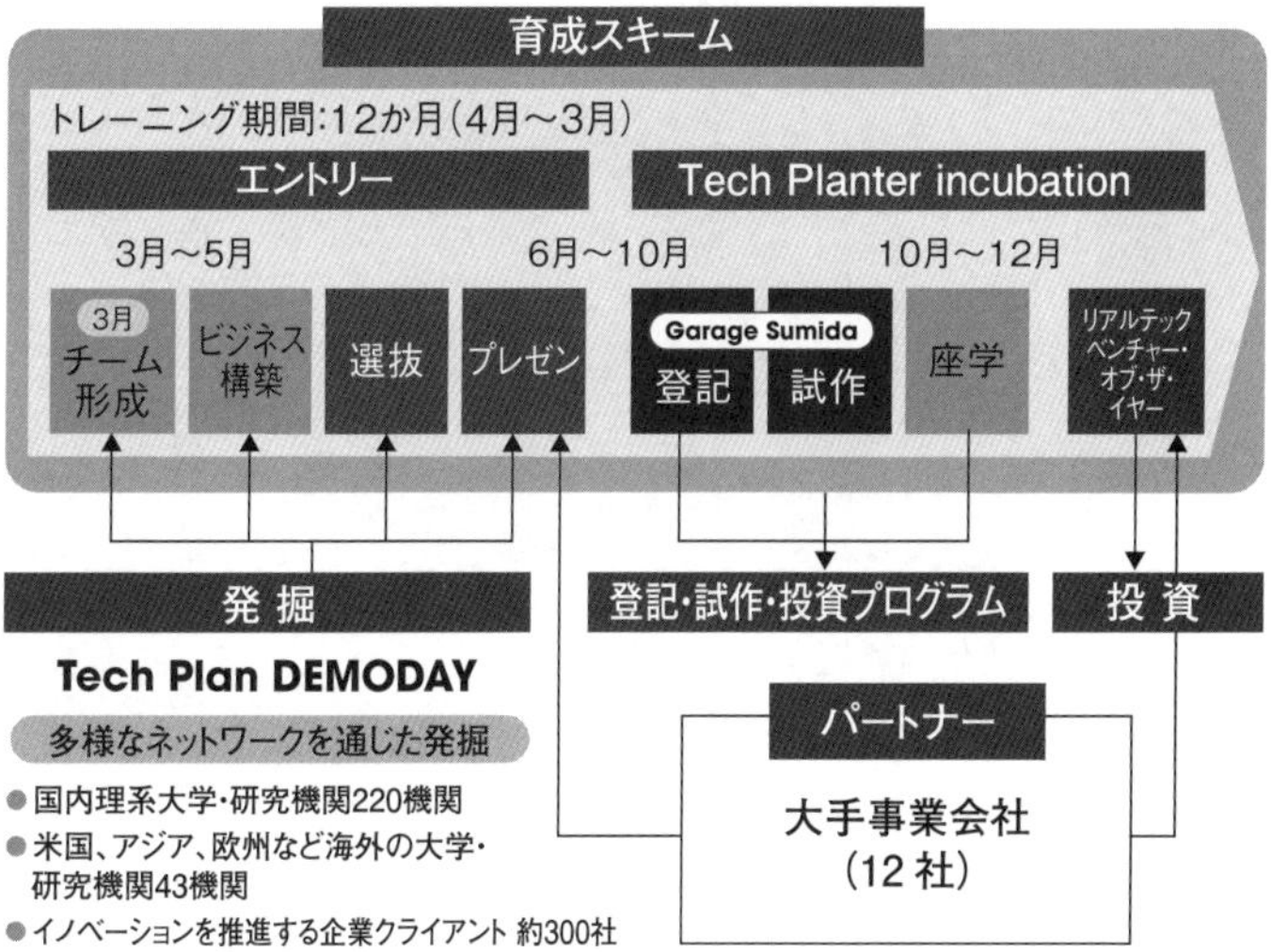

「テックプランター」では、ものづくりベンチャーを対象にビジネスプランコンテストを実施し、そこに僕も、審査をする人間として加わっています。

ですから、テックプランター発足後は、ものづくりベンチャー企業が浜野製作所に「助けてほしい」と依頼してくるときには、多くの場合、彼らが何者で、何をしたいのか、おおよその経緯はわかるようになりました。

ただ、ベンチャー企業が、「テックプランター」に参加する選考の直前段階までは、さすがに僕も関わっていないので詳細は知りませんが、リバネスではその対応にかなり苦労しているようです。

リバネスの長谷川和宏さんは、「テックプランター」に応募してくるものづくり系のベンチャー企業について、次のように言います。少し長いですが、彼の言葉を引用しましょう。それによって、彼らの苦労やテックプランターがどういう場であるかが、わかると思うからです。


「彼らの多くは、『マジ、コオロギだと思うんですよ』と、何の前置きもなく言い出すような人たちです。たしかに、食料不足解消についての問題意識はあるんですが、具体的にどんなことをしたいのか、何をつくりたいのかまで、ぜんぜん落とし込めていない。狭い分野の研究者にしか通じない独特の『ムラ言葉』で話をしてくる。そんな人たちがワンサカ、リバネスに押しかけてくるんですよ。

そこで『おいおい、ちょっと待ってくれ。コオロギって、将来の食料不足に備えて『昆虫食』が必要になってくる、という意味だよね』と他の人たちにもわかる言葉に翻訳したうえで、『とても君1人では無理だから、まずは仲間を集めよう』

と枠組みや手順の話をしたり、『会社をつくるのはいいけれど、まだ早いから、もう少し大学でアイデアを寝かしておいたほうがいいよ』といったアドバイスをしています。

そういうやり取りを経て、本当に会社をつくるときには、浜野製作所のような『ものをつくる』という助けも必要だし、さらに大企業のパートナーをもてるかどうかは、事業を加速していくうえで、かなり重要です。

ですから、当人のアイデアを加速するときに、浜野製作所のような町工場も、大企業も、研究者も集まってつくっている『場』が『テックプランター』なのです。『テックプランター』という場は、あくまでも事業としての芽を発掘することが目的なので、そこで『やるか、やらないか』を判断するというよりも、そこからやり取りが始まる場です。

そんなとき、アイデアは面白そうだけど、モノ（試作品）が何もできていないときは、浜野さんのところに相談に行ってもらいます」

こんな感じで、今日も浜野製作所には若者たちが「ものづくりの駆け込み寺」のようにやってきます。

▼チャレナジーの風力発電機

WHILLやオリィ研究所のケースは「個人的なつながりから始まった」と説明しましたが、「テックプランター」が開催されるようになって以降は、テックプランター経由で僕のところに相談がもち込まれるようになりました。

第1回テックプラングランプリ（2014年）で最優秀賞を受賞したのが、チャレナジー（東京都・清水敦史 代表取締役CEO）です。「台風の力を発電に使おう！」「風力発電にイノベーションを起こし、全人類に安心安全な電気を供給する」という、とんでもないアイデアをもったベンチャー企業です。

同社との関わりは、ベンチャーと浜野製作所との関係、さらにはGarage Sumidaの内容・役割を表わすのに、本当にわかりやすい事例だと思いますので、紹介しておきましょう。

▼台風のパワーを電気に変えるアイデア

チャレナジーの清水敦史さんが浜野製作所に相談に来たときは、たった1人。そもそも、会社にもなっていない状態でした。

当時、清水さんが僕に見せてくれた風力発電機は、ホームセンターで材料を買い込み、自身の手でつくったプラスチックの実験機。それを使って実験をしているビデオ映像を見せてくれました。原理はマグナス力というもので、「この原理で、きっと回るはずだ」と言います。

台風の莫大なエネルギーを発電に使うというアイデアは、途方もないくらい大きな話です。しかも可能性だって大いにある。夢のある話だし、特許も取っているという。

清水さんのパッションも桁外れでしたから、テックプランターでも「ぜひ、応援しよう」ということで最優秀賞となった。ただし、本当にモノになるのかどうか、それがわからない。そこで、ひとまず僕のところで試すことにしたのです。

実際には、試作機をつくってみると発電効率がとても低かった。このままではアイデアはよくても、実用としては使い物にならない。そこから清水さんと浜野製作所の格闘が始まりました。

▼職人による現実的で細かなアドバイス

チャレナジーの本社は、現在も浜野製作所のGarage Sumida内にあるのですが、清水さんが相談にやってきた日から、彼はGarage Sumidaの事務机を自分のものとして設計をしていました。

本社の事務所の前に浜野製作所の工場があり、機械もある。そこで彼は浜野製作所の専務の金岡に対して、「こういうものをつくりたいんですけど。1mか2mのものをつくって、とりあえず実験したい」と掛け合う。何回も僕の目の前でそんなやり取りをしていました。でも、試作機をつくってもうまく回らない。

すると、「ここを改造してみるか」と、金岡だけでなく、ほかのウチの職人を巻き込んで話を進めている。職人は「これって、このままつくると大変だよ。こうしてみたら？」と細かい改善のアドバイスをします。

沖縄試験場に設置された垂直型マグナス風力発電機

Garage Sumidaでの試作開発の様子
(右がチャレナジーの清水社長、左が浜野製作所の金岡)
(写真提供:チャレナジー)

そのたびに試作を繰り返し、本当に、少しずつ少しずつ発電機を改良していき、写真の大きさにまでなったのです。

▼手伝いたくなるベンチャーの夢を後押し

清水さんは、もともと大手電機メーカーに在籍されていた人ですが、東日本大震災（２０１１年３月）と、それに伴う原発事故を目の当たりにし、原子力発電から自然エネルギーへのシフトが必要と痛感したのだそうです。

その際、日本やフィリピンなどを毎年襲う「台風」をエネルギー源として使えないかと着想したところに、彼の発想の偉大さ、非凡さを感じます。

これまでにも風力発電機はありましたが、それらはプロペラを用いたもので、強風に弱い（強風時には止める）という弱点があります。

その点、清水さんが発明した「垂直軸型マグナス風力発電機」（気流中で円筒を自転させる際に発生するマグナス力を利用する）にはプロペラがないため、強風に強く、安全で、しかも静音という特徴があります。

彼には「世界には13億人もの人々が電気のない生活をしている。マグナス発電機を実用化することで全人類が安心安全な電気を使える世界を実現したい」という夢があります。

僕らだって、手伝いたくなる話じゃないですか。

▼ベンチャー企業に必要な「スピード感」

「スピード感をもって仕事をする」という点で、少し追加しておきたいことがあります。

前述したように、WHILLの内藤さんは電動車椅子をつくる際、「スピード感が違う」と言って、浜野製作所の支援を喜んでくれました。彼らの本社はチャレナジーのように浜野製作所の中にあったわけではありません。それでも「スピード感」を評価してくれたのです。

それがチャレナジーの場合には、毎日、浜野製作所の敷地内で設計をやり直し、ちょっとアイデアや疑問が出るたびに、専務の金岡や他の職人をつかまえ、相談や質問を繰り返す。「今は仕事の手が離せないけど、5分後ならOK！」というレベルで仕事をしているのですから、スピード感はWHILLのときよりもさらに上です。

だからこそ、驚異的なスピードで、世界に比類ない垂直軸型マグナス風力発電機をつくることができたのです。いつも一緒にいて、彼らの困りごとを間近に聞いていたら、放っておけないのが職人だからです。

▼「チャレナジー＋浜野」の最強タッグ

チャレナジーは、2014年にNEDO（新エネルギー・産業技術総合開発機構）のスタートアップイノベーターに採択されます。しかし、それで一件落着とはいきません。NEDOのような団体から資金提供を受ける場合には、最初のアイデアが採択されても、その段階で資金を一括して受けられるわけではないからです。

その後、いくつかの中間段階が設定され、その段階ごとに細かな締切り日が設けられます。そして、それぞれの段階で、「この日までに、この段階までのモノを仕上げる」という約束になっています。チャレナジーとしても、それらの関門を一つひとつクリアしつづけないと、資金提供はそこで打ち切られてしまいます。

ですから、僕らが関わったベンチャーがいったんものづくりを始めると、浜野製作所としても他人事では済みません。応援しないわけにはいかなくなります。

こうして、「垂直軸型マグナス風力発電機」の製作では、いつもチャレナジーの清水さんと僕ら浜野の人間がタッグを組んでやってきたわけです。夜中遅くまで電気が灯っているのを見たり、清水さんが思い悩んでいる姿を見ています。

毎日、僕らも彼らの存在、動き、語りかけを見聞きすることで、彼の思いを感じ取っていたわけです。もし、別々の場所で仕事をしてその状況を知らなければ、日頃の彼らの動きはわかりません。たまに僕らのところにやってきて、そのプレゼンを聞いていただけなら、僕ら自身、どこまで応援できたか。

癒やしロボット「OriHime」を製作しているオリィ研究所の吉藤さんも、僕のマンションに泊まりこんでいました。その中で深夜まで彼と会話し、いろいろと彼の思いを感じていました。

すると僕も、何かサポートできることがないかな、と思ってしまいます。もちろん、僕らでサポートできない部分もあります。その場合は、どこか別の会社、工場につなげてあげることを考えます。彼らにそんなツテはなくても、こちらにはツテもアタリもあります。

ベンチャー企業は時間が限られています。何といってもスピードが勝負。それには毎日のように顔と顔を突き合わせ、膝を交えて議論を繰り返すのがいちばん速いと思っています。メールでのやり取りなどに比べ、顔を合わせるというのはアナログに見えるかもしれませんが、結局、これがいちばん速いのです。

▼技術があるのか、アイデアがあるのか

ところで、ものづくりベンチャーが町工場とつき合う場合、2つのタイプに分かれると思います。

1つは、自分たちで設計・製造する能力、ものづくりのノウハウをもっているケースです。たとえば、設計どおりにつくったのに、思ったように動かない場合、なぜうまくいかないのか、それを明確に僕らに質問できるレベルの人たちです。

いわば、WHILL（ウィル）のような技術者集団のことで、彼らのように開発経験をもっている場合は、自分たちで考え、「ここがうまくいかないんですが、この部分はどうしたらいいですか？」と的確に質問ができるし、その返事をもらえば意味も飲み込めます。

2つ目のタイプは、自分たちにはものづくりのノウハウや知識は十分ではないが、アイデアならある。それをぜひ具現化したいというタイプの人たちです。

では、そういうタイプの人は、どうやって知識のないところで町工場の職人と会話をするのか。その場合には、チャレナジーやオリィ研究所のように、距離が近ければ、何とかなります。「どこから手をつけたらいいか、全然わからないのですが……」と正直に言ってもらえれば、職人は手順を教えてくれます。

しかし、1か月に1回、30分や1時間程度の顔合わせミーティングに参加するだけでは、話は遅々として進みません。ですから、現場の職人との距離を近くすることが大事なのです。

オリィ研究所のロボットOriHimeの場合でも、手のひらサイズのロボットであれば、秋葉原へ行って基板を買い、そこに実装するチップも自分で選び、ハンダ付けすることで自分でつくることもできます。プログラムも簡単なものであれば、自分たちでつくれます。ですから、学生であっても設計の経験が少しでもあれば、そこまでは到達できるはずです。

けれども、製品をつくろうと思えば、絶対に超えられない壁がある。それが「設備」です。実際のハードウェアをつくろうとするなら、設備がないと何もできない。それ以上に、その設備を動かす技術、作業のノウハウが大事です。

さらに、そうしたことを誰に相談したらいいのか。そこがふつうはベンチャー企業のネックになってきます。

▼最終審査前の「駆け込み」依頼❶ネコ車

ホープフィールド（東京都・望月大二郎代表取締役）というベンチャーがあります。彼らは農地や建設現場で砂利などを運ぶ一輪車（通称・ネコ車）を、電動化（アシストサポート）したいと考えていました。

そこで、アイデア実現のため東京都が主催するトーキョースタートアップゲート

電動のネコ車（最終審査と利用シーン）

（写真提供:ホープフィールド）

ウェイという場に出てアイデアを提示したところ、好評で審査にも通った。次回は大きな会場で最終審査がある……。

最終審査では審査員に加えて、会場にいる一般のお客さん数百人の投票も入る。このため、何としてもアイデアだけでなく、一目で伝わりやすい現物を間に合わせたいというわけです。

リバネスから浜野製作所に連絡があったのは、審査の約10日前のことでした。せっかく最終審査までたどりついたけれど、現物を間に合わせないと勝てる見込みがないと言います。

そこで僕は、「OK、OK。とにかくウチに来てもらって」と二つ返事をし、あとはいつもどおり、専務の金岡に任せました。その後、わずか5日ほどでつくりあげ、最終審査で準優勝しました。彼らの本社も、現在、Garage Sumidaの一角にあります。

▼最終審査前の「駆け込み」依頼❷ソーラーパネル清掃ロボット

未来機械（香川県・三宅徹 代表取締役）のケースも、審査前の駆け込み依頼でした。

ソーラーパネル清掃用ロボット

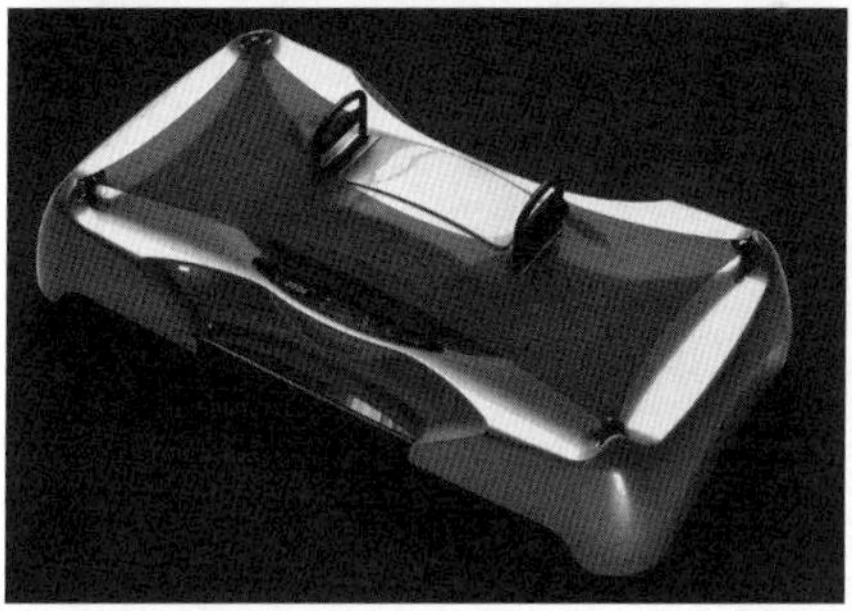

（写真提供:未来機械）

（下2枚は浜野製作所）

それまで、窓ガラスのお掃除ロボットをつくっていた未来機械が、新しくソーラーパネル清掃用ロボットを手掛けようということで、当時立ち上がったばかりの、リアルテックファンド（東京都・永田暁彦 代表業務執行役）の審査を受けていました。

リアルテックファンドは、研究開発型の革新的テクノロジーのベンチャー企業を支援するために設立された組織です。

未来機械は、試作機をつくらないといけないというタイミングで、これまたリバネスの丸CEOから相談があり、試作のロボットのコア部品を急遽、Garage Sumidaでつくることにしました。

そして未来機械は、リアルテックファンドの出資第1号案件となりました。

このように、Garage Sumidaはものづくりの現場で門戸を開いている駆け込み寺、お助け茶屋的な存在をはたしています。

▼Garage Sumidaの機械を直接操作していい？

Garage Sumidaについて多い質問の中に、「自分で機械を使わせてもらってもいいのか？」というものがあります。これはお断りしています。

なぜなら機械というのは、いろいろな人が触ると荒れるからです。ですから、「こういうものがほしい」というご希望をお聞きし、実際の作業は浜野製作所の職人がしています。

機械にはそれぞれの使い方があって、使う人によって個性が出ます。メンテナンスも、この機械にはこんな癖があるからセッティングもこうしたほうがいい、という判断が必要です。もし、いろいろな人がその機械に触ると、故障の原因になります。

とくにデジタル系の機械の場合、メンテナンス費用はかなり高いので、町工場としては大きな出費です。自分で機械を触れる工場もあるようですが、Garage Sumidaでは浜野の職人が機械を扱いますので、その点だけはご了解をいただいています。

▼「製品」には精度と品質が求められる

僕からすると、ベンチャー企業というのは、そもそも考えること、やることがいっぱいあるはずですし、お金の工面もしないといけない。時間も限られていますから、ものづくりはものづくりの専門家に任せたほうがいい、と思うのです。

ベンチャー企業としては、機械操作を体験するのが目的ではなく、あくまでも実際のものづくりをしよう、というのが目的のはずです。それであれば、製作の部分は専門家である僕らに任せたほうがいい。「こんなものがほしい」という構想を正確に伝えてくれれば、僕らにはそれに対する助言もできますし、求めるものをつくることもできます。

モノはファブ（製造工場）でもつくれるかもしれませんが、それは「形ができた」というにすぎません。

製品（試作品も含め）には精度があり、要求品質があります。僕らが「できましたよ」と手渡すときには、たとえ試作品であっても、実際に使っても大丈夫だというレベルになっている自信があります。そのまま世の中に出しても大丈夫な製品にする、つくるだけでなくアドバイスもする、その支援の場所がGarage Sumidaなのです。

▼Garage Sumida は浜野製作所にとってどんなメリットがあるのか？

では、浜野製作所にとって、Garage Sumida の活動にどんなメリットがあるのか。なぜ、Garage Sumida をつづけているのか、目先の利益にはあまり貢献しないGarage Sumida を、なぜ、余裕のない町工場が運営しつづけているのか。

前にも少し触れたことですが、結局、僕らは金属加工屋です。金属加工の工賃は下がる一方です。どんどん単価が下がる。正直なことを言うと、金属の部品加工の仕事だけでは、絶対にメシを食っていけません。だからといって、他の仕事に転業することもできないでしょう。ラーメン屋さんの世界も、本屋さんの商売も、それぞれ厳しいことは間違いありません。

結局、僕らがずっとやってきて、唯一誇れるものがあるとすれば何か。それはやはり「ものづくり」です。これしかない。たしかに部品加工だけでは食っていけないけれども、部品加工に何らかの「付加価値」をつけていくことで、僕らにも新しい何かができるのではないか、そう思っていました。

今、浜野製作所が何かの装置をつくるとします。すると、そこには僕らが得意とする部品加工の技術も必要だし、それ以外にも、制御の技術、さらには電子、電気、アセンブリの技術・ノウハウなど、すべてが集合しないと「完成品の装置」はできません。

でも、僕らにそのすべての経験があるわけではない。途中の「量産」しか経験していない。

だからこそ、Garage Sumidaのような場が必要なのです。その場で他社のニーズを聞き、その経験を通して、僕らは「お金をもらいながら、勉強もさせてもらっている」ということです。

無謀にも思えるチャレンジを自らに課すことで、ベンチャーの困りごともわかるし、僕たちがふだん接してこなかった装置のしくみ、ロボットをつくるときの頃合いも徐々にわかってきます。頃合いというのは、電気とか制御という分野ではこういうことをすると失敗するんだな、といった塩梅《あんばい》のようなことです。「土地勘」といってもいいかもしれません。知識だけでは身につかないものです。

Garage Sumidaでは、この何物にも代えがたい「体験」をさせてもらっています。しかも、対価をもらって。これが大事です。

浜野製作所にとってメリットがあるのかと聞かれれば、「あります！」がその答えです。具体的な仕事につながっているからです。その具体例とは……。

▼町工場がメーカーになる日

映画館に行くと、チケットＩＣＴ端末が置かれています。これはパソコンやスマホなどで事前に席を予約するシステムで、映画館の窓口が長蛇の列でも、焦ることなく、このチケットＩＣＴ端末でチケットを発券することができます。

実は日本全国の映画館に置かれている、このチケットＩＣＴ端末は、浜野製作所でつくっています。端末をつくっているだけではありません。設置メンテナンスまで浜野製作所でやっています。

チケットＩＣＴ端末は、今までの浜野製作所の仕事のやり方とは全然違いました。

これまではお客さんから図面をもらい、そのとおりに四角い金属の箱をつくって終わっていました。金属加工をするだけのプロセスなので、付加価値はあまりありません。

でも、今は電子、電気、アセンブリの技術・ノウハウなども学んできた、培ってきました。そこでチケットＩＣＴ端末では、配線も浜野製作所でやっているし、電気周りも手がけています。さらに、チケットＩＣＴ端末を映画館までもっていって設置し、その後のアフターフォローも手がけています。

設計段階からデザイン、金属加工、配線、メンテナンスに至るまで、すべての工程を一気通貫で請け負っているので、問題点もわかるし、付加価値もつけていくことができます。

僕らに欠けているのは「販路」です。今はメーカーにはなりきれていませんが、販路を確保できるようになれば、もともとモノをつくることができるので、一次品加工屋さんだった町工場がメーカーになれるかもしれない。これがひとつの町工場の生き残る道ではないか、と思っています。

▼Garage Sumidaが知識、ノウハウ、頃合いを呼び込む

ほかにも、大学の研究室からの依頼があって、南極に設置したニュートリノ観測装置など、さまざまな装置を手がけるようになってきました。この場合は、電子や制御が関係しています。

逆に言うと、そういうことができるということをどんどん発信していくと、大学の研究室などから直接、問い合わせが入ってきます。

十数年前までは、金属の金具をつくっている加工屋にすぎなかった浜野製作所が、今ではベンチャー企業や大学などとのコラボレーションを通して、さまざまなものをつくれるように変わってきました。

これは、Garage Sumidaをつくったことから生まれたもので、浜野製作所にとってはとても大きなことでした。

多くのベンチャー企業とつき合うことで、いろいろな業界が欲していること、問

題点などがわかる。発電機だったり、コミュニケーション型のロボットだったり、移動モビリティであったりと、彼らの苦境を救いながら、実は僕ら自身がさまざまな業界・業種の仕事に関われる。そうすると、いろいろな知識、ノウハウ、頃合いが増えてきます。

町工場というのは「ウチは自動車関係だ」とか、「××製作所のポンプ部品を納めている」と、自分自身でだいたい枠を決めてしまいます。

浜野製作所も以前はそんな面があったに違いありません。それがGarage Sumidaの存在によって、今まで知らなかった分野の人とつき合え、思いもしない製品づくりにチャレンジする機会を与えてもらうことで、会社のやれる範囲がどんどん広がってきました。

そうした仕事を通して、それに直に触れる社員の成長も著しくなります。仕事が多岐に広がっていけば広がっていく分だけ、さらにいろいろな人を採用したくなります。

Garage Sumidaは事業のタネをたくさん蒔いてくれているのです。

3章

浜野製作所の原点

1 なぜ、浜野では「経営理念」を唱和するのか？

▼浜野の精神、それが経営理念です

「経営理念はお題目」という会社も多いようですが、浜野製作所にとっての経営理念とは、まさに「浜野の精神」です。すべての行動判断の基準になっています。それは会社が倒産に追い込まれそうになった、工場火事に端を発します。

１９９３年に父が急逝し、当時、板橋のオヤジの知り合いの町工場で働いていた僕は、急きょ実家に戻り、会社を引き継ぎました。それが僕の社長業のスタートとなります。

創業以来、現場も経理もやっていた母親がいたので、僕は母親を師匠として浜野製作所の仕事に関してあらゆることを教えてもらいながら仕事をしていました。その母親が、父親が亡くなった2年後、病気で亡くなりました。

悪いことは続くものです。２０００年、父親と母親が命をかけて僕に譲ってくれた工場が、近隣からのもらい火で全焼してしまいました。

そして、その火事によって、浜野製作所の経営理念の３つのキーワード、

「お客様」

「スタッフ」

「地域」

が生まれたのです。くわしくは後で述べますが、浜野製作所の経営理念は「お題目」ではなく「浜野の精神」そのものであり、すべての行動判断の基準だというのは、そういう歴史があるからです。

火事のあった3年後の２００3年、僕が明文化・成文化してつくったのが現在の経営理念です。

▼浜野の経営理念

浜野製作所の経営理念とは、次のものです。

「おもてなしの心」を常にもってお客様・スタッフ・地域に感謝・還元し、夢（自己実現）と希望と誇りをもった活力ある企業を目指そう！
安定した生活の基盤をつくる場・スタッフの人生が輝ける場・充実した人生が送れる場・自分自身が成長できる場としての浜野製作所であり続けたい。

最初の太字の2行がメインの経営理念です。

「お客様・スタッフ・地域に感謝・還元していく」とあります。そのまま読むと、当たり前のようにも受け取れますが、なぜ、浜野製作所はこの3者に深く感謝し、還元していくことを経営理念に謳っているのか。

それは、浜野製作所の工場が火事になってどん底だった中で応援してくださった

浜野製作所の経営理念は浜野の「どん底」を支えてくれた「お客様・スタッフ・地域」への感謝からできている

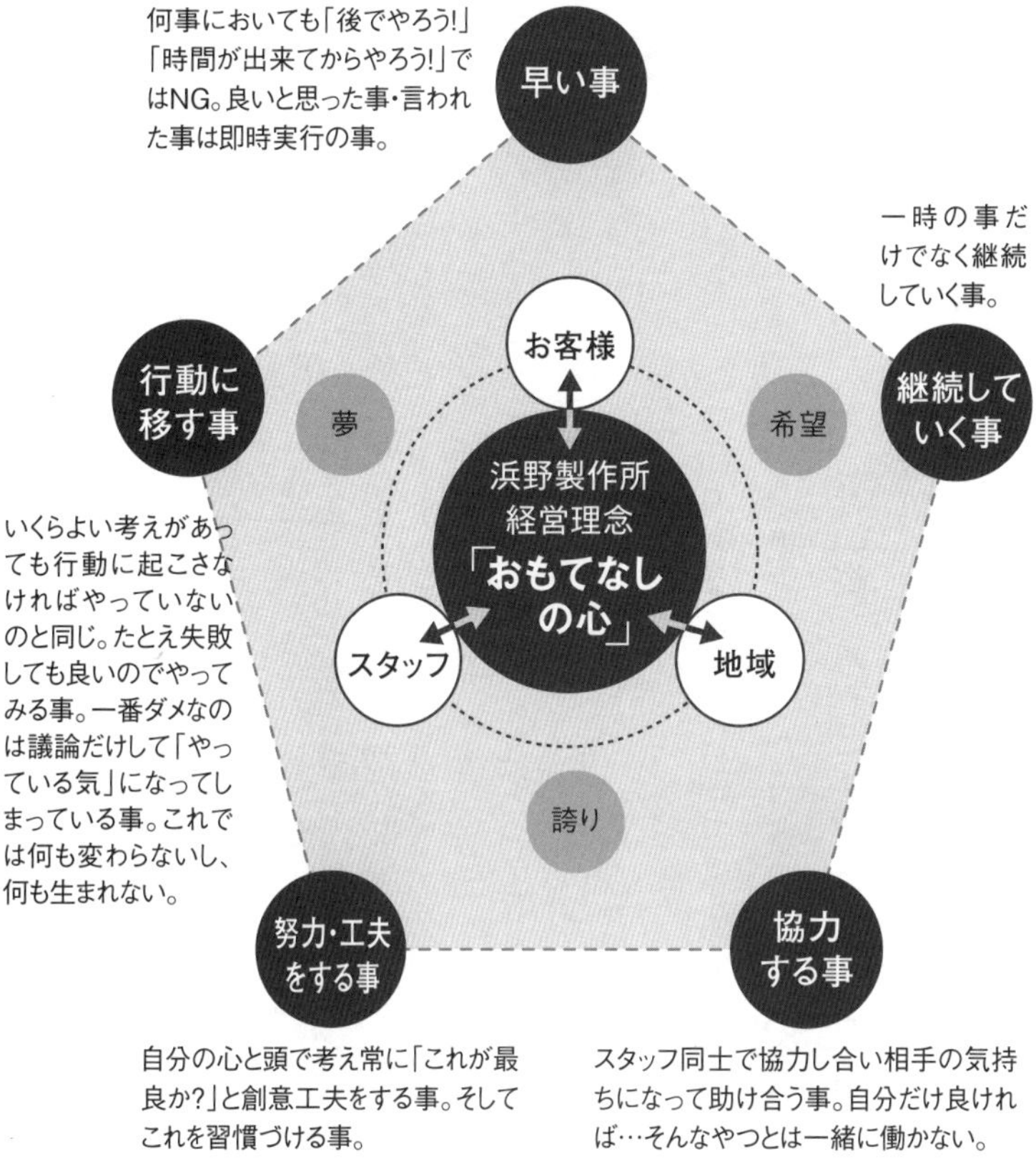
何事においても「後でやろう!」「時間が出来てからやろう!」ではNG。良いと思った事・言われた事は即時実行の事。
早い事
一時の事だけでなく継続していく事。
継続していく事
行動に移す事
夢
希望
お客様
浜野製作所
経営理念
「おもてなしの心」
スタッフ
地域
いくらよい考えがあっても行動に起こさなければやっていないのと同じ。たとえ失敗しても良いのでやってみる事。一番ダメなのは議論だけして「やっている気」になってしまっている事。これでは何も変わらないし、何も生まれない。
誇り
努力・工夫をする事
協力する事
自分の心と頭で考え常に「これが最良か?」と創意工夫をする事。そしてこれを習慣づける事。
スタッフ同士で協力し合い相手の気持ちになって助け合う事。自分だけ良ければ…そんなやつとは一緒に働かない。

り、声かけをして助けてくださったのが「お客様」であったり、「スタッフ」であったり、「地域」であったわけです。そういう人たちの思いとか応援してくださったその優しい気持ちがあって、今の浜野製作所があるからです。

いちばん大変なときにお世話になった、そういう方々に「常に感謝の思い」をもって仕事をさせていただく。それが僕の会社の使命なんだ

と。経営理念をつくった当時は、とても皆さんに「還元する」なんて言える状況ではなかったのですが、いつか還元できるような会社になるぞ、という意志を示したのがこの経営理念です。

そして、「夢と希望と誇りをもった活力ある企業を目指そう！」というのは、浜野製作所がそういう会社になることが、お世話になった方々への最大の恩返しであり、われわれ浜野製作所の目指すべき会社の姿だろうと思って掲げたものです。

「お客様・スタッフ・地域に感謝」という言葉の中にある「スタッフ」には、火事から再出発したときにはスタッフが1人しかいなくて、その人間がその場を離れずに一緒にやってくれたという思いが込められています。

「地域」というのは、火災の後、すぐに工場の場所を貸してくれた大家のおばあちゃんがまずあげられます。ご飯をつくってくれたり、面倒を見てくれたりしましたが、亡くなったご主人が残された空き工場を「よかったらどうぞお使いなさい」と言って快く使わせてくれた人です。

そういういちばん大変なときにお世話になったこの地域の方々に、常日頃から感謝の思いをもって仕事をさせてもらおうということです。

その浜野製作所の再スタートともなった、火事、その後の災難について、少しページを割いてみたいと思います。すべての出発点がここにあるからです。

2 工場の火事、そこに追い討ちが続く

▼近隣からの出火で本社が火災に

2000年。浜野製作所の本社工場などが火災に遭いました。そもそもの火事の発端は、近隣にあった古い民家を建て替えるための解体工事でした。壁を取って屋根を取ってと作業をしていると、鉄骨の柱が2〜3本入っていたため、ガスバーナーで焼き切っていたとき、そのガスバーナーの火が解体くずに燃え移り、一気に火災になってしまったのです。

このため、浜野製作所だけでなく、近隣の17軒ほどが被害に遭いました。

そもそもの原因は解体作業現場の作業員の方の作業ミスでしたが、元請け企業は

2000年、浜野製作所は本社工場が火災にあった

東証一部上場の住宅メーカーで、すぐに本社から常務さんが来られ、近くの会館を借りて、お詫びと今後の補償問題をきちんと説明してくれました。

結論だけ説明をすると、「1月16日（翌年）の朝9時に実印をもって本社に来てくれれば、その日の午前中に補償金を振り込みます」という内容でした。浜野製作所の場合は６０００万円を振り込む、ということです。

僕からすると、建屋が全部なくなった。機械が全部使えなくなった。オヤジ、おふくろ、そして幼い時に病気で亡くした娘の形見が、すべて燃えてなくなってしまった。その保障が、たったの６０００万円かよ、という思いがありました。

ただ、火災によって機械もなく、１台30万円の中古の機械さえ買えない、１人しかいない従業員（金岡）に給料も払えない、督促状が山ほど来る、ヤクザの取り立て屋が入ってきていて危ない。その６０００万円が被害額として見合っているかどうかは別として、とりあえずもらっておこう。それで１回つなごう。そう思って、了解していました。

▼補償金をもらう前日のニュースに呆然

いよいよ明日は16日という前日の１月15日。お昼になったので、金岡と弁当を食べようと思い、テレビのスイッチを入れたときのことでした。ちょうどＮＨＫのお昼のニュースが始まったばかりで、

「１月15日、ＮＨＫ正午のニュースです、今日の最初のニュースは、住宅メーカー

東証一部上場の××住宅が倒産をしました……」

というものだったのです。

次の日の朝9時に行けば、補償金をくれるはずだった東証一部上場の大手企業が、その前日に潰れたというのです。


そのニュースを見たときには、弁当をもっている手も震えましたし、「どうすればいい？」と頭の中をグルグルとわけのわからない言葉が空回りをしていました。

そこで金岡に、「ちょっと××住宅まで行って見てくる。明日になるか、1週間後になるかわからんけど、今後どうするかを考えて必ず連絡をする。おまえも毎日、ほとんど寝てないんだから、もう上がって帰ってくれ」と。

倒産した会社に行ってみたところ、ロープが張られていて入れません。こちらは外から眺めるだけ。そこで、夜の12時過ぎに戻ってみたら、まだ電気がつけっぱなしになっています。行ってみると、金岡が独り、金型のさびを落としていました。

その姿を見たら、もう金岡がかわいそうで、自分自身も情けなくて、ダーッと走っていって、「金岡、この会社の後始末は俺がやる。おまえには生活があるから、明日からほかの会社に行け。いま借りているおまえの給料はすぐには払えないけど、必ず返す。ほかの会社で仕事をしてくれ」と言いました。

そうすると、金岡から、「社長、俺は金のために浜野に来てるんじゃない、俺はあんたと仕事をしたいからここにいる、浜野製作所、まだ潰れてないよ」と。

心も体も、もう折れてしまって限界というときに彼のひと言は効きました。今でも、彼の言葉がずっと突き刺さったままです。

▼覚悟を決める

そこで、肚《はら》を決めたのです。

浜野製作所は、明日になると潰れているかもしれない。月末にはこの世に存在しない会社になってしまっているかもしれない。けれども、もし万一、この会社がなんとか存続して、金岡のような思いで働いてくれる従業員がたったの1人でもいてくれるような会社になれるんだったら……。

そんな思いをもった従業員に常に感謝の思いで一緒に仕事をさせてもらおうと思

いました。思いだけではダメで、そんな従業員にきちっと還元ができるような会社にならなきゃいけないと。

そして夢と希望と誇りをもった活力ある企業になる、これがそういう思いで働いてくれる従業員への最大の恩返しであり、われわれ浜野製作所の目指すべき会社の姿なんだ。これって、経営者の俺がやらなきゃいけないことなんだろうなあ……。

このときに「覚悟」を決めたわけです。

経営理念に入っている「スタッフ」には、そういう思いが込められていて、これが浜野製作所のすべての源泉になっているんだ、と。

3

無心で助けてくれた「地域」のおばちゃん

▼おばちゃんのおにぎりの味

経営理念には「地域」という言葉が入っています。

工場が火事にあって困っていると、すぐに土地を貸してくれ、ご飯をつくってくれたりした、面倒見の良いおばちゃんがいました。

「あなたは社長なんだから、一生懸命頑張んなきゃいけないのよ。だけどもね、無理をしすぎて体にもしものことがあったら、悲しむ人がいるから、それだけは気をつけて仕事をしなきゃいけないよ」

と。そして、

「朝の残りで悪いんだけども、よかったら食べてね」

と、おにぎり2つに、大根のお味噌汁、卵を入れてくれました。

「実を言うとね、ウチも10年前に火事になったのよ。そのときに、主人もいて、職人さんもいて、皮のなめし工場をやっていたんだけど。火事になって会社が大変になったでしょ。主人は食べるものも食べず、寝る間も惜しんで頑張った結果、会社はなんとか元通りになってきたんだけれども、そのときの無理がたたって体調を崩し、3年前に亡くなったのよ」

と。結局、後継者もいない、職人さんも高齢化したということで、古い機械を全部出して、会社を閉じた。

「そこの工場の空き地でよかったら、どうぞお使いなさい」

ご主人の形見みたいな土地を貸してくれるというのです。その話につづけて、そのおばちゃんが言うのです。

「逝ってしまった本人はいいわよ。けれど、独り残された私はず～っと寂しいし、なぜあのとき、主人の首に縄を付けてでも、ちゃんと休ませなかったのか、三度三度ご飯をちゃんと食べさせなかったのか。いまでもずっと後悔をしているのよ。あなたにも大切な人たちがいるんだから、頑張んなさいね」

そう言って、すごく背中を押してくれたのです。

▼地域への恩返し

それ以外にも、不動産屋のおっちゃんがあちこち駆けずり回って、そのおばちゃんの空き工場を紹介してくれたりとか、多くの人の励まし、応援があって、いま、浜野製作所があるんだろうなぁ、と本当に感じています。

ですから、いちばん大変なときにお世話になった、この地域の方々に常日頃から感謝の思いをもってこの地域で仕事をさせてもらおう。この地域に何かしら、還元ができるような会社になっていこうと思ったのです。夢と希望と誇りをもった活力ある企業になることこそ、いちばん大変なときにお世話になった地域への最大のご恩返しであり、われわれ浜野製作所のあるべき姿なのかな、と。

だからこの地域で、本当にたくさん、「墨田○○座長」「墨田区××理事」といったお役目を仰せつかっています。

東京は土地が高いし、騒音の問題もある、振動の問題もある。本社機能は墨田区に置いておいても、工場は郊外につくったほうがいいんじゃないのと言われますが、僕は、「この墨田の土地で生きよう」と決めたので、できる限りここで頑張っていく。それも「地域」への恩返しのひとつだと思っています。

経営理念の最初に書いてある「お客様」。これも、僕らを生かしてくれた大恩人なのです。それは、次に話をしたいと思います。

4 「お客様」が浜野の窮地を救ってくれた

▼買えたのは1万円の「蹴飛ばし」2台だけ

現在の浜野製作所には、おつき合いしている会社が4500社ほどありますが、火事に遭ったときには4社しかありませんでした。4社のうちの3社は従業員5人〜7人ほどの規模の会社です。そんな小さな工場から大切な仕事をいただいていました。

ただし、1社だけ少し規模の大きい、従業員80名ほどの会社があって（仮にP社としておきます）、自社製品をつくっていました。小さいながらもメーカーの機能をもっていたのです。

そのP社の購買課長がすぐに火事のお見舞いに来てこちらの話を聞いてくれ、どん底状態のときに、仕事を発注してくれました。感謝しきれないほどうれしい「お客様」でした。

といっても、機械は燃えてしまっているし、新品の機械は金がなくて買えない。そこで中古の機械屋さんに行って、「30年落ちでも40年落ちでもいいから安く売ってもらえないか」と値段を聞くと、30万円と言われたことを覚えています。先ほども火事のところで触れたように本当にお金がなく、30万円の機械が買えません。

でも、店の奥のほうを眺めると、「蹴飛《けと》ばし」という足踏み式の機械が置いてあります。値段を聞くと「1万円」です。たまたま2台あったので、2台とも買い求めました。その機械は電気も不要で、自分の足でドーン、ドーンと蹴飛ばして動かす人力の機械です。カッコ悪くても、まずはそれで仕事を再開することにしたのです。今でもその2台の「蹴飛ばし」は社内に残してあります。

▼浜野製作所の仕事を引き上げてしまえ！

その頃、Ｐ社では次のようないきさつがあったと聞いています。

「おい、浜野製作所の火事はひどかったんだろ。メンバーが２人しかいないというし、蹴飛ばしという前近代的な人力機械で仕事をしているんだって？　今後、どうなるかわからん。浜野の仕事は早めに引き上げて、ほかのところへ割り振れ！　いいな！」

とＰ社の部長が購買課長に指示を出していたらしいのです。ただ、その購買課長が部長に、「浜野製作所に仕事を出しつづけてやってもらえませんか」と頼み込んでくれて仕事が続いていたことを後で知りました。

Ｐ社からの仕事は、小さな部品ながら、かなりまとまった数の注文をいただいていましたので、浜野製作所としては命綱です。もし、その取引がなかったら、浜野製作所の命運はそのときに尽きていたに違いありません。仕事としては、納期まで１か月くらいあり、その間につくって納めるというもので、ふつうであれば十分な日程です。ところが、蹴飛ばし２台ではどう見ても納期に間に合いません。

その事情を知っているP社の購買課長からは、「一括で納めなくてもいい。こっちのラインに穴を空けないように、当面、100個を急ぎで納めてくれれば。その後は3日後で間に合うから」と段取りを付けてくれていました。

配達も本来、こちらがすべき業務ですが、「2人しかいないんだろ。配達する時間があったらモノをつくってくれ。僕らで取りに行くから」と、お客様なのに引き取りにきてくれていました。

▼購買課長とのやり取り

こうしてしばらくの間、部品づくりに没頭していたため、P社に顔を出していなかったのですが、書類の更新で、P社に行かなければいけない用事がありました。せっかく行くなら、購買課長にお礼を申しあげようと思って、手土産をもって顔を出したのです。

この購買課長は大学時代にラグビーをやっていたそうで、背も高いし、肩幅もあります。人と話をするときには大きな声を出し、相手の顔と目を真っ直ぐに見て話される方です。

その課長にお礼を申しあげると、何かいつもと様子が違います。いつもなら快活に大声で話をされるのに、変に無口です。

「おかしいなぁ、いつもと違う」と思って、課長に思い切って「何か、ウチが課長さんにご迷惑をおかけしているんじゃありませんか？」と尋ねてみました。

しかし、はっきりした回答がありません。もしかすると何か言いづらいことがあるのかもしれないと思い、会社を去ろうとしたとき、課長の部下の方が1人近づいてきて、「浜野さん、ちょっと時間ありませんか」と声をかけ、小さな会議室に通してくれたのです。

そこで、課長が浜野製作所に火事見舞いに来てくれた事情や、そのあとの部長への報告や部長とのやり取りを僕に教えてくれたのです。購買課長が僕に対し、あまり口を開かなかった真相がわかりました。

▼「浜野を切れ！」という部長の怒号

その部下の方のお話では、最近、P社の部長が購買部長に対しいつもとは違う激しい口調で、「おまえ、いったいいつになったら、浜野製作所の仕事を引き上げるんだ。いつまで俺に逆らう気なんだ！」と課長に詰め寄ったというのです。その声を聞いて、周りの人も思わず振り返るほどの怒号だったといいます。

すると購買課長は、「部長、浜野製作所へは今後も仕事を出しつづけてやってもらえませんか」と頼んでくれたのです。

間髪《かんはつ》を入れず、部長は、「おまえ！　根拠を言え！　あそこは2人しかいないんだし、蹴飛ばしの機械でドタバタやってるじゃないか。プレス屋なんてなぁ、浜野だけじゃねぇんだ。ほかにも、ウチの仕事をやっているところは何社もあるんだから、そっちに回せばいいだけじゃねえか。浜野に出す根拠があんのか！」と言ったそうです。

▼なぜ、浜野を助けたのか？

「購買課長が浜野さんをかばったのには、もちろん、根拠、理由があったんですけどね」とP社の部下の方が言います。そのときの話というのは、次のようなことでした。

浜野さんが火事に遭われた3か月くらい前のことですよ。得意先からウチ(P社)に急ぎの仕事が入り、それを会社の購買部が浜野さんに発注する分を忘れていた、というのです。その得意先は、P社にとっていちばんのお得意さんで、週明けの月曜日に納めなければいけない仕事です。

ところが、もう週末の金曜日の夕方です。浜野さん以外に頼んだ他の会社からは、製品がすべて入ってきている。浜野製作所の製品だけが入ってこない。「あれ、おかしい」と思って発注台帳を調べてみると、浜野さんの分だけ発注漏れをしていたことが判明した。

あわてて注文書を切って、浜野さんに連絡したのが金曜日の6時半とか7時くらいでした……。

それを聞いて、僕も思い出しました。購買課長はその日の7時近くに電話をかけてこられ、「すごく困っている。できる限りでいいので、何とか急いでくれないか」と言われたことを。

「急いでいる」という割には、珍しく期日が指定されていません。購買課長はどんなときにも相手に無理難題を言わず、そのような話し方をされる人でした。

ただ、僕としては購買課長の話では事情が飲み込めない。どのくらいの急ぎなのか、どういう事情なのか。

そこで、部下の方にこっそりと電話をして、「課長さんからは『できるだけ急いでくれ』と言われたんですが、何かありましたか？　実際の希望納期は？」と聞いてみたところ、細かい状況を教えてくれたのでした。

▼一生懸命と誠心誠意

「部長と課長とのやり取りなんですが……」と部下の方の話がつづきます。

課長はその場でこう言ったそうです。

「そのとき、浜野製作所がいつ製品をもってきたと思います？　金曜日の夜の6時過ぎに発注した製品を、いつもってきたか？　ウチの始業は朝の8時ですよね。始業の1時間前の月曜日の7時に、浜野は全数、耳を揃えて納品してきたんですよ。

部長、これはどういうことだかおわかりですか？　ウチが困ってるってことを、たぶんウチの誰かから聞いたんでしょう。金曜日の夜なので、材料屋さんはもう閉まっている。そこをどうお願いして材料を揃えたのか。あるいは仲間内に頭を下げて材料を調達したのか。何らかの手段で材料を調達したんでしょう。

そして土曜日と日曜日にウチのために仕事をしてくれて、製品を仕上げて朝7時にもってきてるんですよ。ここまで1時間かかるから、あいつは何時に起きて、何時に積み込みをやって、7時に間に合わせてくれたのか。

ウチが困っているときに一生懸命、誠心誠意、納期に間に合わせてくれた。そういう協力工場さんがいちばん大変なときに、ウチが仕事を引き上げてどうするんですか。こういうときだからこそ、仕事を出しつづけなきゃいけないんじゃないですか」

と、部長を説得してくれたと言うのです。

購買課長はそれらいっさいの経緯を僕に伝えず、ご自分の胸にとどめてくれていたのです。

その話を聞いて、僕は本当に涙が出てきました。ありがたいなって。

▼救ってくれたお客様への恩返しを

お客様からの発注量は、年によって月によって多少の山・谷はあっても、お客様から仕事がもらえるとか、オーダーがあるというのは、当時、「当たり前」のように思っていた気分が僕にはありました。

しかし、その話を聞いたときに、本当に100円でも10円でも、仕事をいただけることのありがたさが、身に染みてわかりました。

仕事をいただけることに感謝して、僕らは誠心誠意、仕事をさせてもらおう。今はまだできないけれども、いつしか仕事を出しつづけてくださっているお客様に、きちっと還元できるような会社になっていこう。

そして夢と希望と誇りをもった活力ある企業になるんだ。

それがいちばん大変なときに救ってくれたお客様への最大の恩返しであり、われわれ浜野製作所の目指すべき会社の姿だ、と思ったわけです。

経営理念に「お客様」という言葉が入っているのは、お客様へのそんな気持ちを込めたものです。

▼経営理念にそぐわないことはしない

基本的に、「経営理念にそぐわないことはやらない」というのがわれわれの方針です。

「本当にこれをやっていいのか」「やるべきか、やるべきでないのか」と悩むことは、仕事をしているといっぱい出てきます。そんなときは判断に困るものですが、その判断材料は浜野製作所では明確です。「経営理念」に書かれているからです。

「それって、お客様のためになることなのか？」

「地域の人のために役立つことなのか？」

「働いているスタッフのためになることなのか？」

と問うのです。

新しいことをやるときも、経営理念にどのようなかたちで沿っているのか。それを点検・確認します。今までやってきたことだって、経営理念から徐々に外れてきたものについては、方向転換しようとか、中止しようと、いったん立ち止まります。原点に戻って考え直すための錦の御旗、指標になっているのが経営理念です。そういう位置づけであることを常々、全社員にも伝えています。

▼社長、「経営理念」を唱和しましょう！

実はいま、浜野製作所では朝礼のとき、この「経営理念」を全員で唱和しています。こう言うと、ほとんどの人が、「経営理念を唱和しているって？　社長が押しつけたんだな」と思うでしょう。しかし、誓って申し上げますが、僕が「経営理念を唱和しよう」と言って強制し、始めたものではありません。

火災に遭うまでは、浜野製作所には経営理念などありませんでした。しかし、火災に遭い、倒産の危機に陥ったことをきっかけに、それまで漠然と考えてきたこと、ずっと僕の心の中で思いつづけてきたことを明文化しました。

そして「浜野製作所の経営理念をつくったから集まってほしい」と言って、当時のわずかな従業員を集めて発表しました。

その場では、ここまでに書いてきたような、自分が経験してきたこと、体験してきたことをみんなに話し、「お客様・地域・スタッフ」に感謝し、還元するという気持ちを「経営理念」としたい、と表明したのです。

すると何日か後に、「社長のあの経営理念、飾りものじゃもったいないよね。ウチの中で浸透させようよ」と現場から声が出て、「朝礼で唱和をしよう」という話になったのです。

最初はもちろん、誰も暗記していないのでカードを見ながらです。しかし、その従業員の唱和を聞いたときは本当に涙が出ました。みんなが自主的に僕の経営理念に賛同してくれているんだ、と。

今ではみんな暗記してくれていて、各部署ごとに毎日唱和し、週に一度は全員が一か所に集まって唱和しています。

といっても、朝礼で経営理念を唱和するだけでは意味がありません。実行しないといけないのです。ただ、ありがたいことに、毎日、自分で声を出して唱和することで、頭の中に染みこんでいきます。すると経営理念が「自分の仕事の判断基準」になってくるのです。これがいちばん大きな効用です。

経営理念を基に、みんながどういうような思いで仕事をしていくか、それを仕事の局面、局面ごとに話をするようになっていきました。

不良品が出たとか、納期が遅れたとか、ここがうまくいっていない、という場面では必ず「経営理念」と照らし合わせながら仕事をする習慣になっていったのです。

新しい仕事を始めるときには、ではどうすればこれが経営理念に沿うのか、とみんなが話をしてスタートをするようになりました。

「お客様・地域・スタッフ」の無償の支えがなければ、今頃は間違いなく、浜野製作所は消えていました。その感謝の気持ちを忘れず、還元していくための努力をつづけていくためにも、浜野製作所では今日も、朝礼で経営理念を唱和しているのです。

4章

僕が町工場を継いだわけ

1　オヤジの言葉で決めた

▼オヤジのノウハウを継げなかった

前章の冒頭で、僕は「オヤジが亡くなったので、2代目として跡を継いだ」と簡単に書きました。「町工場を継ぐ人が少なくて問題になっているのに、浜野製作所はスムーズに会社を継いだんだ」と思う人もいるでしょうが、もちろん、そんなことはありません。僕は継ぐ気など、サラサラなかったのですから。それが、あるときから「継ごう」と考えを変えました。

せっかく「継ごう」と思ったのに、オヤジが早々と亡くなってしまい、いっしょに仕事をした期間がまったくないので、オヤジからノウハウも何も受け継いでいません。そんなシロウトみたいな僕がどうやって曲がりなりにも切り盛りしてきたか、どんな人々とのつき合いの中で活路を見出そうとしたのか。そのことについて、この章では考えてみようと思います。

▼浜野の家はケンカが絶えなかった

町工場といえば、たいていは息子や娘に後を継がせます。僕のオヤジも口には出しませんでしたが、本音としては僕に後を継いでもらいたかったのかもしれません。でも僕自身は工場を継ぐつもりなど、毛頭ありませんでした。

「家業を継ごう！」と思ったのは、僕が大学を卒業する年、つまり就職活動をしていたときのことでした。いまから30年以上前のことです。

当時の浜野製作所はオヤジ、おふくろだけが役員で、職人さんが1人か2人という状態でした。僕自身は工場を引き継ぐ気などまったくなかったので、毎日のように就職活動をしていました。

そんなある日、オヤジから「ちょっと飲みにいかないか？」と誘われ、そこでオヤジからこう言われたのです。

「俺らがやっているこの仕事は、ホントはとても誇り高い仕事なんだ。誇りをもってやっているんだよ」

僕はオヤジのことも家業の仕事のことも、少しも尊敬などしていませんでした。だから家業を継ぐ気などなかったのです。

外から見れば「浜野製作所」という看板を掲げていても、実態は自宅と工場が一緒。仕事でトラブルが発生すると、会社の役員はオヤジとおふくろの2人だけですから、ああでもない、こうでもないという話を延々としている。そんな姿を小さいときからずっと見つづけてきたわけです。

それでも、もし、オヤジとおふくろが客観的で冷静、そして前向きに考えたり解決策を話しているのであればいいのですが、2人ともそういうタイプじゃない。オヤジは職人上がりなので、「テメェ、ふざけんな！」と言うし、おふくろも下町育ちなので、そんなオヤジに一歩も負けてはいない。結局、ケンカが絶える日はありませんでした。

▼家業を継ごうとは思っていなかった

それが昼間だけで終わってくれればまだしも、オヤジが夕方から酒を飲み始めると、また話をぶり返す。僕にとって浜野製作所という場所は、「オヤジとおふくろとが毎日ケンカしているところ」というイメージしかない。子ども心に、そんな家業が嫌でしかたありませんでした。

そのときに僕が感じていたのは、「本当は2人とも、こんな仕事をやりたくなかったんじゃないか」ということです。

オヤジは年齢から考えても、これから他の仕事に就けるわけでもない。といって幼い子どもたち2人（私と弟）を食わせていかないといけない。しかたなくこの仕事を続けているだけなんだろう。そう思っていたのです。

その気持ちは中学から大学を卒業するまでずっとつづいて、10年間ほどそう思っていました。当然、そんな家業を継ごうなんて気持ちは起こりません。就職活動をして、普通のサラリーマンになりたいと思って就職活動をしていたわけです。

当時、オヤジには就職活動というものがよくわからなかったようでした。僕はふだんはジーパン、Tシャツ、スニーカーなのに、最近、やたらとスーツを着て外へ出かけている。そうなると、さすがのオヤジも「おかしいぞ」と思ったのでしょう。

「おまえ、最近スーツなんか着て、いいカッコして出かけているのは、何か理由でもあるのか？」

と聞かれました。そこで、

「もう、来年3月に大学を卒業するので、就職活動をしているんだ。今日もこれからOB訪問をしてくる」

と言うと、「そうか……」と生返事が返ってきました。

▼心に残ったオヤジの一言

先ほどの話に戻しましょう。オヤジから「ちょっと飲みに行こう」と言われた日も就職活動で出かけていたのですが、たまたま予定よりも早く終わり、夕方には家に帰ってきていました。

近所の飲み屋でオヤジはこんなことを言いました。

「俺はな、いつもお母さんとケンカばかりしている。工場もちっちゃい。だれど俺はこの仕事を誇りをもってやっているんだ」と言い、さらに、「お母さんとも一生懸命やっているんだ」と言います。

しかし、「工場を継いでくれ」という話は出てきません。面と向かって「後を継いでほしい」とは切り出しにくかったのかもしれません。

ただ、オヤジが、「誇りをもって仕事をしている」と発したひと言が、僕の心に残りました。

実は、「誇りをもって仕事をやっている」と言われたとき、僕は頭を殴られたようなショックを受けると同時に、自分自身が情けなくなったのです。というのは、それまでオヤジとおふくろに対し、嫌悪感をもって見ていた自分自身が、たまらず嫌になったからです。

と同時に、「誇りをもてる仕事って、ステキだな」という気持ちが湧いてきたのです。そして、「そんな仕事だったら、誰かが引き継がないと、その仕事はなくなってしまうのではないか」と思いました。

しかし、弟はすでに別の道に進んでいたので、後は自分が継ぐしかない……。

僕が大学を卒業した時代はバブル景気の最後にあたっていて、僕にも大手企業からの内定がいくつかありました。大手企業に入れば、倒産の心配はない。毎月、きちんと給料がもらえる。会社も有名で、鼻が高い。

▼10年間、丁稚奉公をしてこい！

しかし、考えたのです。本当にそれでいいのか、「オヤジのやっていた仕事がなくなってもいいのか」と。

そこでオヤジに相談してみました。

「俺、ウチの仕事を継ぎたいと思っている。どうしたらいいかなぁ？」

するとオヤジが言い放ちました。

「おまえみたいな文系のやつが、いきなりウチの家業を継ぎたいと言っても、使いものにならん。少なくとも10年間、他人の釜の飯を食ってこい。丁稚奉公してから浜野に戻ってこい」

これは正論です。オヤジもなかなか言うじゃないか。さらに続けて、

「ウチは会社といっても、ちっちゃい個人事業みたいなもんだ。そんな浜野の社長になるには、現場のことを端から端まで、すべてわかっていないと何もできん。技術がわからんと、モノもつくれんし、職人とも話が通じん。お客さんとも、まともな話ができん。10年間、オレの知っている工場に行って現場で働いてこい」

こうして丁稚奉公の道を歩むことになったのです。

2

板橋の工場での技術と人との出会い

▼オヤジの慧眼

家業を継ぐ決心をした僕は、オヤジの知り合いの板橋の板金工場に行くことになったのですが、その板金工場には従業員が１００人ほどいました。浜野に比べれば、はるかに大きく本格的な工場です。

当時、浜野製作所ではプレス加工を本業にしていました。量産向けの金型をつくり、量産品の仕事を手がけていたわけです。今も町工場の多くは量産ものをつくっています。

でも、オヤジは時代の先を読んでいたようです。

「これからはな、量産の仕事はどんどん海外に出ていく。だから、おまえがウチを継ぐ頃には、プレスや金型などでの量産の仕事ではなく、多品種少量生産の仕事をメインにしなければだめだ。たとえば試作品に対応するとか、金型を使わない仕事を考えておけ。誰も言わないけど、そのうち金型が不要になる時代がきっと来る。だから、そういうところに勉強に行っておいたほうがいい」

オヤジには、最初からそういう読みがあったわけです。

だから板橋の会社には、

「給料はいちばん安くてかまわない。その代わり、いろいろな部署を回らせてやってほしい。折り曲げの加工も勉強させてほしい、溶接も経験させてほしい。そうだ、プログラミングの勉強もさせてやってほしい……。とにかくひと通り、回らせてほしいんだ。悪いけど、いろいろな技術を教えてやってくれ、頼む！」

と頭を下げていたようです。

結局、この板橋の板金工場には7年間いることになるのですが、今振り返ってみると、オヤジがこうした種を蒔いてくれたからこそ、現在の浜野製作所があると思います。今考えても、オヤジの先を見る目、慧眼《けいがん》には驚きです。

▼板橋工場で金岡と出会う

その板橋の工場で出会ったのが、現在、浜野製作所で専務になっている金岡裕之です。本人は自分の名前のことを、「タテに『金岡』と名前を書くとわからないが、ヨコに並べて書くと『鋼』になる」と誇らしげに語ります。

世の中がチタン、アルミ全盛になろうとも、ものづくりのキホンは「鋼」だ。強さとしなやかさをもち、ものづくりの本質に近づくほど「鋼」の凄さがわかる。だから「金岡という名前は凄いだろう」ということらしいのです。

板橋の工場時代、彼は仕事面ではすごくだらしなく、朝、そもそも会社に来ない。このため、やたらと怒られてばかり。結局、板橋の会社を辞めた後も、工場を点々と移っていたらしいのです。

僕はオヤジが急に亡くなったので浜野製作所に戻ることになったのですが、金岡とはずっと会っていませんでした。

しかし、本当に偶然のことなのですが、たまたま確認しないといけないことがあって金岡に電話をしてみたついでに、「ところでおまえ、今何やってんだ？」と聞いてみると、週に2日だけ電気屋さんの手伝いをして、あとは職探しの最中だと言います。「それだったら、今、俺も1人なので手伝いに来てくれないか」と誘ってみました。

この男がやがて浜野製作所を支えることになるのですから、縁とは不思議なものです。

3 経営者への武者修行

▼関先生といっしょに工場行脚の旅

僕は大学を卒業した後、家業を継ぐ決心をしたことで、オヤジから板橋の板金工場に「技術を身につけるために修行に行ってこい」と言われたわけですが、会社経営についてはまるで考えたことがありませんでした。

工場でどういうふうに機械を動かすとか、ここの技術がむずかしいといったことは7年間でみっちり勉強しましたが、こと、「経営」についての勉強はまったくしていません。また、そうした機会もありませんでしたし、経営者の知り合いもいなかったので、会社経営の話など誰とも交わしたことがありませんでした。

会社経営について考えるようになったのは、オヤジが死んで浜野製作所に戻ってきてからです。会社に戻れば一応、社長という肩書きになります。

ときを同じくして墨田区で「フロンティアすみだ塾」という若手経営者、中小企業の後継者の会を立ち上げようという動きがもち上がったのです。その座長が一橋大学商学部の関 満博教授でした。

関教授は産業論や中小企業論を研究テーマにしており、繊維産業や機械産業の経営指導・コンサルティングをやってきた経験をおもちです。

「フロンティアすみだ塾」は、月に1回土曜日に集まって、朝から晩までガッチリ丸1日をかけて志を共有しよう、というところから始まりました。

中小企業の若手の経営者はみんな現場を預かっているので、工場でモノをつくらなければいけないし、配達もしなければなりません。ですからウイークデイにはまとまった時間が取れません。そこで月に1回、土曜日をめいっぱい使おうということになったのです。

僕はこの会に入っていなかったのですが、たまたま会に参加したおりに関教授にお目にかかる機会があり、以来、懇意にさせていただいています（5章1参照）。

その教授が中小企業についての論文作成のための現地調査に、僕を誘ってくださったのです。

「岩手県の三陸沿岸の中小企業調査をやる。1日5社、4日間、丸々工場見学に行くけど、浜野、よかったらついてくるか」

もちろん、ご一緒したのは僕だけではありません。大学院生や他の大学の教授たちも参加していました。

その工場見学の調査で学んだことで大きなことが2つあります。

ひとつは工場見学を終わったあとに、だいたい飲み会がセットされていて、そこで社長さんにお会いするのですが、その機会がとても大事だということです。

もうひとつは「工場見学の極意」を教えてもらったことです。

▼関教授流、「工場見学の極意」を伝授される

関教授が教えてくれた「工場見学の極意」とは何か。とても役立ちますし、すぐ

に実践できますのでご紹介しておきましょう。

まず、どこかへ工場見学に行くと、工場の概要を説明するために、会社案内が置いてあるような会場に案内されます。説明が終わって、「では、これから工場見学に行きます」と説明役の人が言ったら、大人数の中では後れを取らないように、必ず説明してくれた人のグループに付け、ということです。

そしてひととおり工場を回って帰ってきたら、質疑応答の時間がたぶんあるだろうから、「何かご質問はありませんか」と聞かれたら、とにかく「はい」と手を挙げろというのです。それが関教授のいう「工場見学の極意」です。

「でも先生、業界とか業種が違うと、何を聞いたらいいのかさえ、わからないこともあるじゃないですか。何もピンときていないときに『はい』、と手を挙げて、もし、『どうぞ』と指名されたらどうするんですか」

と聞くと、

「『はい、あなた』って言われてから3秒の間に質問を考えろ。それが極意だ」

と。かなり、無茶なことをいうものです。

でも、教授に誘っていただけたのがすごく嬉しかったのと、教えられたことを実行しないと二度と連れていってもらえないかもしれません。そこでしかたなく、「はい」と手を挙げつづけたのです。

▼はい、赤い服を着たあなた！

いちばん前に座っていて、しかも浜野製作所の目立つ赤いジャンパーを着て手を挙げているのですから、指名されるに決まっています。

「はい、赤い服を着たあなた」

最初は本当に何も質問することがなくて、「今日は本当にお忙しいところ、ありがとうございました」といった、質問でも何でもないことしか言えませんでした。手を挙げた分、恥ずかしい思いもしていました。

しかし、毎回指名されることになると、だんだん工場を質問をする目で見るようになって、「?」と思うようなことも出てきます。

「あっ、ここってそうだよな」

「ウチは、ここはこういうふうにしてるけど、なぜこの会社ってこうなんだろう」

「あれ？　この貼り紙はどういう意味なんだろう」

「同じものが向こうにもあったけど、なぜここにもあるんだろう」

と、本当に聞きたいこと、知りたいことが山ほど湧きあがってくるのです。

▼経営者の経験から学ぶ

そうすると夜、飲み会に出席された社長さんにもいろいろなことが聞けます。

「工場見学をさせていただき、工場長さんにいろいろとお話を伺いました。そのときに聞けなかったのですが、○○って社長さん、どうなっているのですか？」

そんなことがきっかけとなって、今でも親しくさせていただいている経営者の方がたくさんいます。どの社長さんも、自分の会社のことについて質問をしてくれるのが嬉しいのです。

経営者の方と親しくなると、経営についていろいろな苦労話やその間にとった対策など、表面上のお付き合いでは話してくれないようなことも教えてくれます。

関教授が浜野製作所のことを雑誌で紹介してくださったときも、それを読んでくださった京都の会社の社長さんが、「今度東京に行くから、そのときに浜野さんのところに寄らせてもらうよ」と言ってくださり、そのときにいろいろ本音の話をしてくださいました。たとえば、

「10年間は辛抱の時期だったんだけど、その間にこういうことを仕込んでおいた」

といった話です。

　また僕は別の社長にこんな相談をしたことがあります。

「つい3日前のことなんですが、4年間いた従業員に、突然、『辞めたい』と言われてしまったんですが、社長のところでもそういうことがありますか?」

と。すると社長は、「あるに決まってるだろ!」と言います。

「でも辞められると辛いですよね。それってどうするんですか」

「いやそれはね、まったくもって方法はないんだけれど、でもそれを反省して、その後、こういうことをやってみたんだ」

と社員の評価制度をつくった経緯を話してくれたこともあります。

　そんなふうに多くの経営者の方からいろいろ教えてもらったのが、30代中盤から

40代中盤ぐらいまでのことでした。そうして教えていただいたことを、浜野製作所でもさっそく取り入れることにしました。

評価制度を採用したり経営計画発表会だったり、少しずつ始めたのですが、それこそ試行錯誤の連続でした。

4 子ども以外の人に会社を継がせる

▼職住一体は「町工場の英才教育の場」？

僕には子どもが3人います。そう言うと、「いいですね、仕事を継いでもらえますね」と言われますが、自分の子どもに無理に僕の後を継がせる気はさらさらありません。

会社に血のつながりは必要ないと思っていますし、すでに3人の子どもはそれぞれ別々の道を歩み始めています。

しかし、会社を存続させるためには、誰かに継いでもらわないといけない。子どもに会社を継がせるなら悩まなくてもいいかもしれませんが、他の人から選ぶとなると、どういう判断で人を選ぶのか。それを考えなければなりません。

僕が小さいとき、親父とおふくろが家で仕事をしていた。毎日、ケンカをしていて、それが子ども心にとても嫌だった。だから僕は、「自分が社長になったら、家と会社は別にしよう」と思っていました。

それなりに年齢を重ね、後継者選びについていろいろな人から話を聞き、自分なりに考えてくると、オヤジとおふくろのことが思い出されてきます。あのときは「すごく嫌だな」と思っていましたが、目の前でオヤジとおふくろとがドンパチやってくれていたおかげで、経営者としての何かを僕に教えてくれていた気がします。

実を言うと、それが今、僕が社長業をしている中での源泉になっている部分もあるのじゃないか、と思うのです。

たとえば、「人を大切にする」といったことです。オヤジはすごく横柄なことを言う人間でしたし、いつもしかめっ面で怖い顔をした昔気質《かたぎ》の職人でしたが、それでも他の職人さんに対する心遣いとか、気遣いみたいなものが見えました。しかしそれは、今振り返ってみて、「そうか」と気づくことで、当時はわかりません。

でも、そういうことを小さいときから見て育ってきたので、何となくでも、経営者ってこんな仕事をするんだなとか、周りの職人さんとはこんな会話をしながら一緒に仕事をやっていくんだな、ということが染みついたようです。

オヤジとは一度も仕事を一緒にしたことはありませんが、毎日の経営の様子とか、仕事の大変さ、取引先との関係、納期の考え方だとか、結果的には、「町工場の英才教育」なるものを子どもの頃から施してくれていたように感じるのです。

▼「次期社長」候補は何を基準にする？

僕は小さいときは家でオヤジとおふくろが仕事のことでケンカをする姿を見るのは嫌だったので、とにかく仕事場と家とを分離したかった。実際、それで工場と家を分けたのですが、分離してみると、今度は、僕がどんな仕事を毎日しているか、子どもたちにはわからない。いや子どもどころか、カミさんにもわからなくなって、「パパの会社、何をやっているんだろうね？」みたいな話にもなります。

そうなると結局、オヤジの仕事場と離れて育った息子が浜野製作所に入ってきても、従業員も幸せにならないし、本人だって幸せにならない。

そうであれば、僕の考えで「次の社長」を用意しておく責任があります。では、その人選の際、何を大切にするのか。

財務が見られるとか、英語が話せるとか、技術なら負けないとか、それらの能力を全部もっている人ならベストかもしれませんが、それが絶対ではありません。

町工場には、現場がある、頑固な職人さんもいる。そう考えると、やはり人を大切にしてくれる人がいい。そして会社組織なので、会社を成長させるために努力ができる人。

社長というのは、従業員だけでなく、その後ろにいる従業員の家族も預かっているわけですから、会社を成長させられることは大事です。

従業員の努力に報いた評価をきちんとできる人。気遣いができる人。横柄な言葉遣いもしないこと。冷静になって客観的な視点、視野で広くものを見て、考えられる人。

だからといって、叱らないといけないときにはきちんと叱れる人。現場に出ていって、現場で話せる人……。

こうして社長への要件をあげ始めればキリがありません。たとえ能力があって、会社を大きくすることができても、自分だけがイイとこ取りをして、自分だけが幸せになれればいい、という考えの人では困る。そんなことになれば、誰も幸せにできませんし、ついてきません。

▼「いっしょに仕事をしたい人」に任せたい

僕自身、会社の中できちんと育てられたわけではないし、実際、帝王学どころか社員教育さえ受けたこともないので、僕にとっては人の育て方も何もありません。ただ、小さくても1つの組織である以上、一定の礼儀や人を不快にさせないルールといったものは必要だと思います。

朝、人と顔を合わせれば、「おはようございます！」と挨拶ができる。失敗してしまった、ミスを犯してしまったときには、「すみませんでした！」とすぐに頭を下げられる。帰るときには皆に、「お先に失礼します！」と元気よく言える。

これらは、会社の従業員としてというよりも、「ひとりの人間」として当たり前のことですが、それができない人が多くなってきているかな、と感じることがあります。

会社ですから、技術を磨くとか、ノウハウ・経験を身につけるといったことはいろいろとありますが、もっと大事なのは、

「この人と一緒に仕事をしたいな。ここでこの人と人生を賭けて共に働きたいな」と思えるような、人と人との関係性ではないでしょうか。

それはやはり、小さい頃から育ってきた環境だとか、本人の資質といった、なかなか変えられないベースの部分がしっかりしていることが大事でしょう。そういう人に次期社長になってもらいたい、と思っています。

5

なぜ、リバネスとの提携を考えたのか？

さて、僕が父・母だけでやっていた小さな町工場を受け継ぎ、いまは所帯も大きくはなってきましたが、はたして浜野製作所はいままでどおりのやり方で進んでいってよいのかどうか。

町工場がどんどん少なくなってきている現実があります。部品加工だけでメシを食っていくのはむずかしい。といって、新しい道筋をどう模索していくのか……。これは浜野製作所だけでなく、町工場全体にとって大きな課題です。

そんなことを考えながら、Garage Sumidaを立ち上げると、リバネスから「研究者が困っている」「ベンチャー企業が困っている」「こういうものをつくりたいが、どこに相談したらいいか」といった話が何度も話題にのぼってきました。さらに、リバネスが主催するテックプランターなどのベンチャーコンテストにも審査委員として参加する機会をいただきました。ベンチャー企業を見ながら僕がずっと感じていたのは、「町工場には『ものをつくる技術』はあるけれど、メーカーとはいえないし、マーケティングがあるわけでもない、リバネスのような研究組織をつくれるわけではないし、社員をどこかの大学に通わせて教育訓練をして新しいニーズ・シーズを学ばせることができるわけでもない、海外企業の実態も知らない……」

という、もどかしさでした。

もうひとつ感じていたのが、長年、リバネスと付き合ってきたなかで、リバネスと浜野製作所の方向、考えていることの根っこの部分が同じということでした。僕らに足りないものを、彼らはもっている。彼らがもっていないものを、僕らはもっている。

もし、この2つをうまくつなぐことができたら、日本のベンチャー企業、研究者の役に立てるのではないか、それが浜野製作所のような町工場の新しい展開にもつながるのではないか、と。そう感じていたのです。

▼資本提携へ進む

といっても、今までのように相談だけ聞いて、それを解決するやり方をつづけていたのでは、発注者～受注者の関係と大きな違いはありません。

それは僕らが目指している道、町工場が新しく展開していく方向ではない。もっと彼らと一体感をもち、僕らの技術をいろいろな分野に伸ばしていくことによって、世の中にも役立て、僕らのその次の道筋にもつながる方向で考えたい。頼まれて仕事を受けるのではなく、もっと密に連携をしたいと思ったのです。

リバネスがもっている文化・風土、基本的なものごとに対する考え方など、もっともっと、浜野製作所としては学ばなければいけない。場合によっては、浜野製作所のメンバーを1年ぐらい預かってもらうとか、逆に、リバネスの先端研究者に半年くらい浜野製作所に出向してもらうとか、さまざまなことが考えられます。

それをするには「資本提携」という関係がいちばんよいと考え、2016年にリバネスの長谷川和宏さんに相談し、丸幸弘CEOや高橋修一郎社長からも「いいね、やろうよ」という話になったわけです。

当初は資本提携（互いに相手に資本を出してもらう）を考えていましたが、リバネスはいろいろなベンチャーに出資経験があって慣れているので、まずは出資提携のようなかたちで新たな関係を結ぶことにしたわけです。その後1年して、２０１７年10月からリバネスの長谷川和宏さんには浜野製作所の取締役を兼務してもらっています。

▼町工場にできなかったことが、リバネス経由で可能に

提携によって何がどう変わったかというと、たとえば、リバネスＣＦＯの池上昌弘さんには浜野製作所の決算書を見てもらい、お互いの事業についてかなり踏み込んだ話し合いができるようになってきました。会社経営とか人事に対して、リバネスが口を挟むことはありませんが、僕らだけでは解決できないことや、どうしても工場的な目線になってしまうときがあります。そこに異なる目線が入ってくることで、客観的な外からの目が入る。

中央研究所の設立などは町工場では夢のまた夢ですが、その機能をリバネスに一部

委託するとか、アジア企業との連携にリバネス経由で取り組んでいくこともできます。リバネスと組むことで、いろいろな可能性・道筋が見えてきているところです。

お互いに「関係性の枠」をつくったことで、先端研究をしている研究者集団と、実際に金属加工などをしている町工場とがつながった、珍しいパターンかも知れません。

▼Garage SumidaをパワーアップしたCOGの設立

提携後、リバネスは「スーパーファクトリーグループ」という構想のもと、2018年4月にCOG（センターオブガレージ：浜野が初代所長）を墨田区横川（押上）に開設しました。各社のオフィスルーム、プレゼンのできるプレゼンテーションルーム、さらにコワーキングルームも備えており、すでに数多くのベンチャー企業が入居し、そのサポートをしています。

他にも、大阪市港区にGarage Minato、大正区にGarage Taishoを2018年4月にオープンしました。同じく2018年4月に、リバネスも大阪事業所を大阪本社（新拠点）として大阪市港区弁天に移しています。研究開発スペースとセミナースペー

COGの外観・内観

オフィスルーム

プレゼンテーションルーム

（写真提供:リバネス）

スをもった知識創業研究センターと、テクノロジーベンチャーのためのインキュベーション施設です。

このように、浜野製作所にとっても、リバネスにとっても提携の成果が生まれつつあります。

5章

町工場は技術重視か、顧客重視か

1

お客様は「短納期」を望んでいた

▼「速い」がいちばん喜ばれる！

3章では、浜野製作所を継いだ後の2000年、工場が火事で全焼し、そのとき、お客様・スタッフ・地域に助けられたという話をしましたが、会社として奔走していたのは、資金繰りと新たな取引先の開拓でした。なんといっても4社しか取引先がなく、主要取引先のP社に切られでもしていたら、いま頃、浜野の存在はありませんでした。なんとしても、取引先を増やすことで、経営を安定させたい。誰しも考えることです。

けれども、浜野製作所のような町工場はいっぱいありましたから、「新たな取引先を探す」となると、後から入っていくことになり、そこではやはり、何か浜野製作所ならではの「ウリ」がないといけません。

しかし、自分たちが考えているウリと、お客さんがこうしてほしいとか、ここに困っているということには、本来、大きな違いがあります。そこはお客さんに聞くとか、お客さんの現場を見てみないとわからない。

お客さんのところに断られても断られても通いつづけた中で見えてきたものは、やっぱりその「ギャップ」にあったのです。自分たちが頭で考えたことと、現実の違いです。

お客さんのところに直接伺って、現場の方からお話を聞いた中で、実際にいちばん困っていたこと、要望が多かったことは何か。それは、「短納期・多品種少量生産」への対応でした。

▼じゃあ、浜野製作所ではそれをやろう

「速い・安い・うまい」というのは、小さな町工場にとっては、実は簡単なことです（僕

たちは安くしたわけではありませんが)。「速い」を実行するには、「徹夜だ!」と言って、朝まで寝ないで仕事をすればいいのです。「気合い」です。実に簡単なことです。昔はこんなムチャがまかり通っていたのです。

実際、浜野製作所には僕と金岡の2人しかいませんでしたので、「金岡、悪いけど、今夜、頑張ってくれや」ということが可能でした。

しかし、取引先が増え、注文も増えてくると、2人だけの「気合い」では、どうにも仕事を回しきれなくなります。

▼納品日の夕方から仕事に入る?

当時、営業は僕しかいませんでした。

ある日のこと。その日の夕方6時に納品しなければいけない製品があったので、午後4時くらいに、もうそろそろ終わる頃だろうと思って現場に見に行くと、「ちょうど今やり始めたばかりです」と言います。

「え? だっておまえ、これ、今日納品するんだぜ。俺がこの注文を受けたのは1

週間前の話だよな。なぜ今頃、こんなのやってるんだよ。しかも始めたばかりだなんて……」

「社長、この図面が下りてきたのって、今日のお昼過ぎなんです」

「？　？　？」

そんな不可解な話があるはずがない、と思ってくわしく話を聞くと、少しずつ事情が飲み込めてきました。

▼現場でいくら詰めても、短納期が不可能だった理由

納期とは、注文を受けてからお客さんに届くまでが納期です。しかしたとえば、「注文を出すよ」と言いながらも、すぐにはお客さんから注文書が来ないこともあります。「注文を出したいから、まず見積もりを出してください」という手続きが含まれていることもあります。

注文を受けてから材料を発注し、製品にメッキなどの処理を施し、検査をした後、梱包し、最後に配達をする——ここまでの全部が含まれているのが納期です。当時

平均して、だいたいこれが1週間くらい。

実際に現場でものをつくっている時間は1日か2日しかなくて、残りの6日間は全部付随する仕事です。

それで結局、

「今日やろうと思ったけれどバタバタしてるから、注文の手配は明日でいいや」

「今日はもう面倒くさいから、材料は明日、発注しよう」

「やろうと思ったら材料がなかったので、注文したら2日かかってしまった」

ということになってしまいます。

要は、ものをつくっている時間をどれだけ詰めても、全体としての短納期対応はできないのです。

量産で同じものを何十か月も生産しつづけているのであれば、ラインを変えたり、工程を変えることで100時間を70時間に短縮することができるかもしれません。

しかし僕らが当時つくっていたものは、一品もの、単品ものが中心なので、そのつど注文内容も注文量も違います。だからどんなに現場の職人をつついても、短納期対応はできません。

▼「工程の見える化」で短納期を実現

当時は、お客さんから口頭で注文があったり、ファックスだったりと、受け方はばらばらでした。そうすると、お客さんとしては発注したつもりでも、こちらは注文だと思わず曖昧になってしまい、「まだ注文を受けてない、と思っていた……」といったことも結構ありました。材料も在庫があるのに、重ねて発注してしまうムダもありました。

そうした各工程を社内全体で「見える化」しようとして始めたのが、生産管理システムです。当時はそういうかたちで生産管理システムを導入している町工場はほとんどありませんでした。

注文や材料、注文品の製作プロセスなどは、みんな職人や工場長の頭の中に入っているとか、社長が管理しているというやり方の町工場が多い中では、先進的だったと思います。

それまではお客さんから手書きの発注書がくると、図面に「〇月〇日までに〇個つくってください」と書いてあるだけでした。それに対して生産管理システムでは、お客さんの名前と発注日、図面とともに発注個数と各工程の進捗プロセスが、バーコードでチェックすればたちどころにわかります。

それを各部署、全社員で共有化したということです。

▼「気合い」だけではやっていけない

生産管理システムを導入し始めてからは、短納期対応がずいぶん楽になりました。それまではとにかく、気合いと根性で夜遅くまでやって何とかするというのが、浜野製作所のスタイルでしたから、大きな違いです。

その生産管理システムも、初めはパッケージのソフトウェアでしたが、お客様の数が多くなって依頼も多様化してくると、パッケージソフトでは対応しきれなくなり、社内で200回以上いじってカスタマイズしていきました。

しかしそのシステムも古くなってしまいました。それまでは建屋が1つだったのでそこだけで管理していればよかったのですが、建屋が2つに増えたときに、一方の建屋では見られるけれど、もう一方では見られないということが起こってしまいました。緊急対応として無線ＬＡＮでデータを飛ばすようなシステムにしましたが、まだまだ不便が残ります。

生産管理システムも「これで完成！」ということは永遠にないようです。

2 町工場の「ウリ」ってなんだ？

▼量産が消えていく、と頭でわかっていても

僕たちがつくっている製品は一品もの、単品が多いと言いましたが、オヤジの時代、つまり昭和の時代は墨田区の町工場でも大量生産して利益を得ていました。しかし、そうした大量生産品の生産拠点は、多くが海外に移ってしまいました。現在の町工場は一部の業界や業種、地域をのぞけば、ほぼ多品種少量生産です。

しかし、多品種少量生産といっても、工場によってずいぶん幅があります。100個くらいの生産単位を多品種少量といっているところもありますし、僕たちのように1個1個をつくっているところも多品種少量生産です。

前述しましたが、僕はオヤジからこんなことを言われたことがありました。

「これからは量産の仕事はどんどん海外に出ていく。だから量産の仕事ではなく、多品種少量生産の仕事をメインにしなければだめだ。試作対応とか、金型を使わない仕事を考えろ」

しかし、安定して利益確保できるのは、やはり大量生産です。来月どれだけ注文が入ってくるか、再来月にはどれだけ注文が入ってくるか。それが事前にわかっていますから、とてもありがたい。でも一品もの、単品ものは、いつ仕事が入ってくるかわからない。今月はたくさん注文が入っても、来月はどうなるかわかりません。

▼一品ものにこそ、可能性がある

オヤジは真意を直接教えてくれたわけではありませんが、今になれば、オヤジの言いたかったことがわかるような気がします。

独自の一品ものをつくったり、製品の設計や試作の段階から関わることができれば、それが多品種少量生産の製品になるかもしれないし、大量生産の製品につながるかもしれない。つまり町工場が輝ける可能性が広がるということです。

一品ものの注文を受けていれば、それが継続的な生産になるかもしれません。設計段階から関わっていれば、「月に1000個をつくろうと量産を考えているのでしたら、この2つの部品を1個にしませんか」という提案もできます。

浜野製作所が注文を受けているのは、量産品や継続品といってもロット数は月に500台とか1000台といったものです。1000台くらいの単位の製品で試作の段階から関わっていれば、お客さんも、

「これだけ試作をしてもらって、いろいろ問題点も改善してくれている。量産するにしても、今さらほかのところに出すわけにもいかないだろう。わざわざリスクを冒してほかのところに頼むよりも、このまま継続して浜野製作所にやってもらったほうがいいよな」

ということになります（もちろん、月に1000台ではなく、数十万台というロットの量産品であれば、そうはいかないと思いますが）。

つまり多品種少量生産の製品であれば、試作の段階から関わることで、全部社内

で内製化できることにもなるのです。

▼町工場が生き残るためのホントの「ウリ」

先ほど僕は、町工場はウリが大事だと言いました。そして、それはお客さんの要望に応える「ウリ」でないといけません。

たしかに、世界最小の歯車をつくる技術があるとか、他社がマネできない高精度のものをつくる技術、ミクロン単位の加工技術があれば、そこで勝負できるでしょう。しかし、考えてみてください。日本中に380万社もの中小企業があって、その380万社は自分たちにしかできない技術がなければ生き残れない、ということではありません。

長崎大学の経済学部の産学連携室長にも、次のように言われました。

「浜野製作所に、他社ではできない世界一の加工技術があって、それでメシが食えるのならそれが一番いいよな。でもどこの会社もそんな技術をもっているわけではない。じゃあ、世界一の技術をもっていなければ、会社は成り立たないのか？　そうじゃない。大事なのは、お客さんから信頼されることなんだ。『浜野さんのところは、やっぱり頼りなるよね』と思ってもらえることなんだ」

と言われました。

「何かあったらちゃんと話を聞いてくれる。それに対してちゃんと解決策をいくつか提示してくれる。どこの会社も、そういう会社と仕事をやりたいんだよ。困ったことがあったら浜野だ、という会社になることだ」

「技術だとかノウハウだとか、『差別化』なんてことばかり言うやつがいる。けれども、そうじゃない大事なこともあるだろう。圧倒的な技術力はなくても、ばかみたいにお客さんのために元気に頑張る。毎朝、『何かありませんか？』と御用聞きに回る。そういう会社があってもいいじゃないか。それがたぶん、町工場が生き残れるひとつの理由でもあるんじゃないか」そんなことも教えてくれました。

▼ポンチ絵を描いて「いっしょに考えていく」

浜野製作所の例でいえば、「こんなものをつくりたい」という相談があったときに、

お客様の「欲しいもの」をポンチ絵で描き、仕上げていく

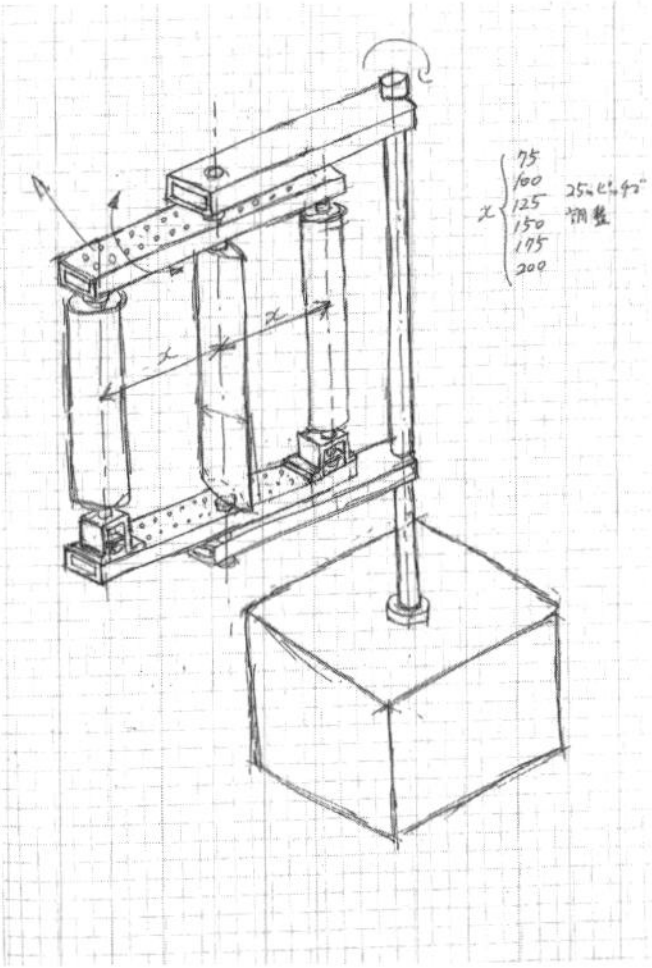

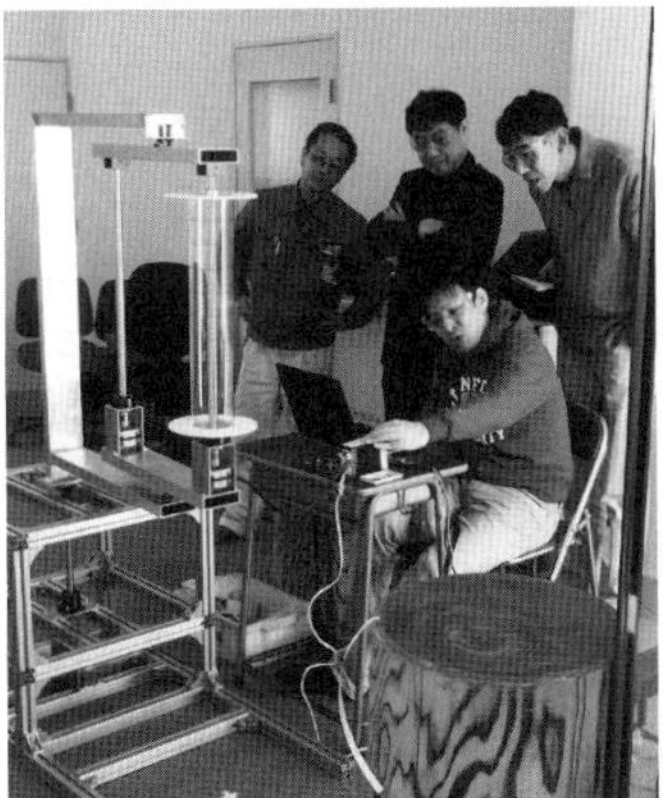

ポンチ絵みたいなものから図面を起こして製品化するということを始めました。また、２０１４年からは設計開発部をつくって本格的にやり始めています。

　ポンチ絵を描いても、それは圧倒的な技術力とか、差別化につながらないと思いますが、それでも「考えを共有する方法」「いっしょに考えていこうとするアプローチ」として受け取ってくれていると思います。

3

3Dプリンターは町工場の敵か？

▼職人が怯えた3Dプリンター

町工場の職人は、自分の技術に自負心がありますが、新しいテクノロジーに対して不安も抱いています。

3Dプリンターが出てきたときが、まさにそうでした。町工場にとっては本当に脅威に感じたこともありました。これまで自分たちが徹夜し、ドリルを研ぎ、バイトを研いで、一生懸命に削っていたものが、帰り際にボタンをポンと押していけば、次の日には現物ができている。そんな現実は見たくもないでしょう。

実際、「あんな魔法のような機械が出てきたら、俺らの仕事の場がなくなってしまう」と言っているのを聞いたこともあります。

しかし僕は、３Ｄプリンターの出現が職人と競合するとか、脅威になるというより、ものづくりの幅が広がって、僕らのチャンスもどんどん増えると感じていました。

「今までは、実際にこういうものをつくりたいけど、技術的にちょっと無理だというものが、３Ｄプリンターという最新の機器でつくれるようになることで、ものづくりのチャンスなり可能性がどんどんふくらんでくるという予感です。

▼３Ｄプリンターでしかできない形状

部品づくりでは、形状によっては人間がどう工夫してもつくれないものがあります。中が中空になっているものとか、２つに分けて、１つに溶接しないとつくれないといったものです。

それが３Ｄプリンターでは、一体物でつくれてしまうという大きなメリットがあります。実際に出力するのは一層一層で、１ミリ刻みなのか０・０１ミリ刻みなの

実験的に導入した2台の3Dプリンター

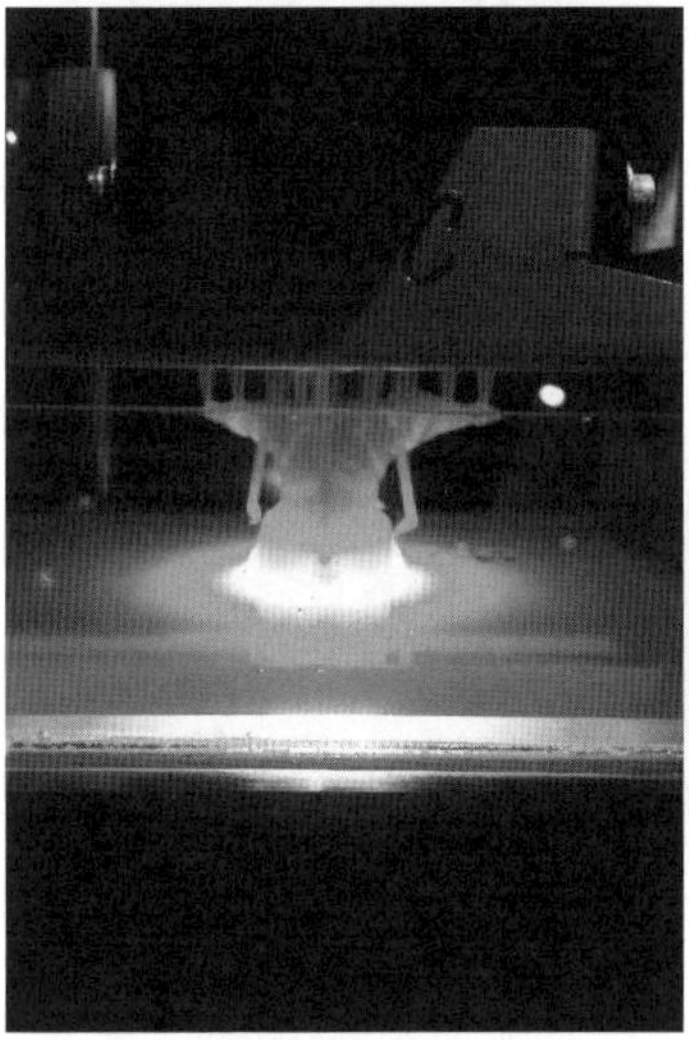

プロジェクタから紫外線を照射して積層していく。造形50ミリで8時間。

かが、精度に関わってきます。

3Dプリンターがいちばんいいのは、ボタンをポンと押せば、後は機械がすべて勝手にやってくれることです。何もいじらなくても、ものができてくるわけです。

僕らがものをつくるには、一部は機械でやりながらも、人間がヤスリをかけたり溶接をしたり、仕上げにグラインダーをかけたりしなければなりません。いわゆる手をかけないといけない部分がどうしてもあります。しかし3Dプリンターなら、ポンとボタンを押すだけでいいのが長所です。

▼経験と知識をタダで売ってはいけない

単純に請負型、下請け型の部品加工屋という立場からすると、3Dプリンターは非常に脅威になるでしょう。しかし、僕らのやりたいことは、そこではありません。僕らのものづくりで新しい市場をつくっていきたい、ということです。その中に僕らのものづくりの分野なり、立ち位置があり、3Dプリンターもそのための武器になるのではないか、と思いました。

今までの町工場は、20年も30年もずっと現場でやってきて、「これはこういうふうにすると絶対壊れるよ」とか、「これは絶対にこの素材を使ったほうがいい」という経験を積み重ねています。そうした自分たちの経験や知識を、もったいないことに、部品加工の仕事を受けるために無償で提供してきたのです。

たとえば大手から生産に関して相談があるとします。素材はどういうものにしたらいいのか、わかるかなぁ」

「これはどういうふうにやったらいいんだろう。素材はどういうものにしたらいいのか、わかるかなぁ」

「それなら前にも経験あるんですが、これはこの素材だとダメで、このほうがいいんですよ。なぜなら……」

と言って自分たちの経験をすべて披露してしまう。すると、大手は黙ってそのまま取り込んでしまい、図面に描いて自分たちのものにしてしまう。タダでみんなあげていたのです。

町工場には、自分たちのアイデアとか経験をお金に換えるような仕組みがなかったわけです。自分たちの経験や知識をお金にすることなど考えなくて、継続的に仕事をもらえればいい、という発想でした。

▼3Dプリンターで「総合的なサービス」に変える

そういう状況の中でやってきた仕事を、もう少し、自分たちの立ち位置だとか目線の中に引き入れて考え直そうということです。そこで3Dプリンターがひとつの武器になる。

今まで職人さんがやる場合には、「材料を削る、曲げる、溶接する」という3つの選択肢しかなかったものが、もうひとつ、3Dプリンターで「一体物として積層する」という選択肢が増えました。そうすると、「これは3Dプリンターでやったほうがいいですね。だけどこっちはやっぱり鍛造でしっかりと素材を固めてやったほうがいいですよ」というかたちでお客様へのアドバイスも含め、町工場として培ってきた経験なり、知識を総合的なサービスとして提供していくことで、われわれが活躍できる場が必ずあると思っています。より一層いいものを、現場サイドの経験とか目線を活かしてつくっていくということです。

今までの仕事の一部を３Ｄプリンターに奪われると考えるのではなく、３Ｄプリンターを使うことで、お客さんにアドバイスをしながら、そこを基に製品をつくったり、ものづくりの総合的なサービスを考えたらどうだろうか、と思っています。

どういう素材にしたらいいのか、どういう加工方法でやったらいいのか。加工方法によって同じものをつくるにしても、値段とか納期とか精度が変わるといったことは、やはり現場でものをつくっている人がいちばんよくわかっています。

そのようなことを部品加工屋は、これまでお客様に提供できていませんでした。情報の提供をお金に換えるという発想をしてこなかった。

僕らはそんな分野に切り込みながら、ものをつくる部分での町工場の優位性をもっともっと磨いていって、市場や選択肢を開発していかないと、ものづくりの世界は広がらないと思います。

▼何ができるか、どこまで可能か

浜野製作所では２０１４年に、50万〜60万円くらいのものと、30万〜40万円くらいのものの計2台、３Ｄプリンターを導入しました。１台は海外の製品で、もう１台は国産で出力の仕方が違うタイプです。

３Ｄプリンターで使える素材も多数ありますし、出力方法もいろいろあります。ですからお客さんに提供するための製品をつくるためというより、まずはこの３Ｄプリンターで自分たちに何ができるか、という研究をするためでした。

どのくらいのものが実際にできるのか、どんなことに不便を感じるか。得意なこと、不得意なことは何か、それはやっぱり使ってみないとわかりません。

僕らが製品をつくるためにふだん買う機械は５０００万円から1億円ぐらいします。それに対して、３Ｄプリンターはたかだか50万円くらいのものですから、早く買って、試してみようということになったのです。

▼まだ実用には使えていないけれど

３Ｄプリンターでつくったものは、まだ僕らは限定的にしか使っていません。実際の部品としてお客さんに提供しているわけではなく、われわれで設計して図面をつくり、加工方法だとか素材を限定して、「ここは３Ｄプリンターでつくった部品で十分使える」というものだけ、簡単な実験用の機器みたいなものでしか使っていません。まだまだ実用に使うには至りませんが、まずは試すことから始めているのです。

6章

若い力が町工場を育てる

1 町工場に集まるインターンシップ学生

▼関教授との出会い

浜野製作所では現在、小学生（工場見学）、中学・高校生（職業体験）、大学・大学院生（インターンシップ）で、数十校の生徒や学生を受け入れています。多くの若い人たちが参加してくれるのですが、２００３年にそのきっかけとなったのが、何度か説明をしてきた一橋大学の関 満博教授でした。

最初に関教授にお目にかかったのが、中小企業後継者、若手の経営者の会である「フロンティアすみだ塾」の立ち上げのときでした。「参加希望があればぜひ申し込んでください」という新聞折込みチラシが入ってきたのです。その座長が関教授で

インターン生による「ピタゴラ装置」の製作

した。

たまたまそのチラシを見て、「へぇー、こんなことをやるんだ。一橋大学の先生かあ、ちょっとハードルが高いなあ。でも対象が次期経営者・後継者となっているな。もう経営者になってしまっているけれど、もし時間があったら見にいこうかな」と思って、チラシを作業着のポケットに入れてもっていたのです。「初回だけ、どんなことをやっているのか公開します」と書いてあったので、たまたまその日に会場近くに配達があったこともあって、「ちょっと出かけて見よう」と思って行ってみました。

▼インターンシップの始まり

その会の終わりに、「今日は最初で外部の方も来ておられるので、会場の方に今日の感想をお聞きしてみたいと思います。はい、その赤いジャンパーの方」といきなり僕に振ってきたのです。

「自己紹介と今日の感想をお願いします」と。

「いや、実を言うと僕も工場の2代目なので、今日の皆さんの話はよくわかる」と、感想ともコメントともいえない話をしたのですが、関教授からは「おまえ、面白い奴だ」と思っていただいたようです。

会が終わったあとには名刺交換をさせてもらって、「1回工場に行かせてくれ。ウチのゼミ生にもその話をして工場を見せてやってくれ」と言われ、実際に一橋大学のゼミ学生が僕の工場に来たのです。

話は長くなりましたが、これが浜野製作所のインターンシップの始まりです。

▼専売特許の「工場見学の極意」

最初は関教授のゼミ生が20人か25人くらいやってきました。

先生はお酒が大好きなので、工場見学が終わると、

「飲みに行きたいやつは飲みにいくぞ。今まで聞けなかったことがあったら、このあとの居酒屋で浜野さんにいろいろ質問しなさい」

前にもお話したとおり、先生の専売特許ともいえる「工場見学の極意」です。飲

み会に連れてきて学生に質問させようという目論見だったのでしょう。

僕が席に着くと周りに5人くらい、男子学生が取り囲みます。ひととおり質疑応答が済んだとき、逆に、僕から質問をしてみました。

「ところでさぁ、みんな一橋大学の学生だから頭がいいじゃない。卒業したらどうしたいの？　どういう仕事に就くの？」

するとたまたま僕の隣にいた学生が、「総合商社」と言ってきたのです。

まったくの偶然なのですが、そのとき大手総合商社が合弁で鉄鋼商社をつくるということで、その商社の若い社員が2人、1週間だけ浜野製作所に作業体験に来ていました。

▼パワフルな総合商社の社員に渡り合えるか？

総合商社で事務屋だから、「鉄がどう使われているのかわからない」とか、「大きな鉄鋼会社に行っても勉強にならない」という理由で、インターネットを中心とする工場向けネットワークサービスを展開している知り合いの社長から頼まれ、2人だけ預かっていたのです。

総合商社の2人の社員は朝早くから出社して掃除を済ませ、「こんなことをやってほしい」と頼むとキビキビと動きます。

「総合商社の人って、すっごいエネルギッシュだな」

というのが僕の感想でした。

ひるがえって一橋大学の学生たちを見ると、まるで頼りない。

「みんなさぁ、確かに頭がいいんだろうと思う。でも、線が細いよな。たまたま総合商社に受かっても、いま、浜野で朝から晩まで、第一線でガンガンやってる総合商社の社員と渡り合えるのかなぁ？」

といった話を彼らにしたのです。

「もし入社できても、絶対に彼らにはかなわないぜ。君たちとはパワーが違う。だけど、もし勉強したいと言うんだったら、会社に入ってからじゃなくて、今からやるべきだと思うよ。実際の勉強がしたいなら、ウチの工場をその場として提供するから、ウチでやってもいいよ」

▼ネットで調べるより、まず現場に出る

するとまた、一橋大学の学生が20人くらいやって来るようになりました。その学生たちに3期分の決算書を見せて、昔、浜野製作所に何があり、どういう経緯で今に至り、将来はどんなことをしたいかを伝えた後、

「これを聞いて、後は浜野製作所であなたたちが何をするのかは自分で決めなさい」

「もう2年後には君たちも社会に出るんでしょ。いちいち、これをやってください、あれをやってくださいと指示されるのではなくて、自分たちで何をやったら浜野の役に立つのか、自分自身の役に立つのか。自分で考えることがインターンシップでしょう」

とテーマをフリーにしたのです。

そうすると、最初は、「社長、こんなことをちょっと考えました」と言って、「経営改革」と称するレポートを5枚くらい書いてきました。しかし、半分くらいはインターネットで拾ったような情報が入っている。あるいは「営業改革」というレポー

トを見ると、「ネット通販で年間十数億円の売上をあげる」という、かなり頭でっかちなことが書かれている。

そこで、「これ、営業改革っていうけど、実際に君たちは浜野の営業スタッフがどういう営業活動をしているのか、もちろん調査してるんだよね？　本人たちと話した上でこのレポートをつくってるんだろうね」と言うと、「見ていません、聞いていません」「やっぱりそこから始めないといけませんよね」といったことを、ぼそぼそと言っています。

そこで、やっと現場とコミットすることの大事さを理解するのです。

▼副産物を生んだ、学生たちの営業活動

しかし実を言うと、彼らが浜野製作所の営業に回ったことによって、浜野の新たな営業活動のきっかけになった効果が、そのあといっぱい出てきたのです。これは思いがけない副産物でした。

当時、浜野の社員は15人くらいしかいませんでしたが、その小さな町工場に、大

学教授の紹介などで、一橋大学や早稲田大学の大学院の学生さんがインターンシップに来ているわけです。

そこで彼らに浜野製作所の実際の営業活動を知ってもらうために、彼らを社員と一緒に営業現場に連れて行くことにしました。同行です。連れて行くからには彼らの名刺をつくらないといけません。

ふつうであれば、「営業部長　浜野慶一」「営業部　△△△」といった肩書きの名刺になります。しかし、彼らの名刺は、「営業部　一橋大学商学部　○○○夫」とか「営業部　早稲田大学政経学部　×××子」と書かれています。

何も言わずに同行させると、相手から営業担当に対して、「おや、浜野さんのところ、若い担当の方に変わるの？」と言われます。

「いや、そうじゃないんですよ。ちょっとご挨拶に伺いまして」と社員がインターン学生を紹介します。「一橋大学商学部の○○○夫です。御社の営業担当になりましたので、よろしくお願いします」と、それだけ言って帰ってくるのです。

そうすると向こうは不思議に思って、問い合わせがきます。

▼新規取引がインターンシップ生で取れた！

浜野製作所は、新規開発をしようとしても、後発中の後発でしたから、なかなか仕事がいただけませんし、購買の担当者や係長あたりまでにしか話をさせていただけませんでした。

課長とは面識もないし、部長と会っていただける機会などはもちろんありません。それが、相手の会社からわざわざ問い合わせがくるのです。

「では、ちょっと説明します」

と言ってかいつまんでインターンシップについて説明すると、

「あんたのところは面白いねェ、変わった会社だね」

と言って課長に会わせてくれたり、部長に会わせてくれる機会が飛躍的に増えました。これは驚きの変化でした。

当時は僕も30代の後半で営業にも回っていたのですが、それまではずっと断られてばかりでした。しかし、インターンの学生たちと会社を回るようになって、営業現場の雰囲気が変わってきました。

「担当者は、今まで発注してきた企業に出したいと言っているけど、浜野は社長もまだ30代だし、一橋だとか早稲田の学生も一緒に営業に来ている。なんだか面白そうだ」

「ちょっとほかの中小企業とは違った取り組みをやっているようだ。浜野のところを試してみろ！」

部長や社長からそう言われたということで、仕事を発注してくれるところが徐々に出てきたのです。

インターンシップの学生たちが、思わぬ仕事をしてくれたのです。

▼自由に好きなことを

最初のインターンの学生たちは一橋大学の関教授のゼミ生だったのですが、以降は参加人数も増えたこともあって、現在は春に1回、夏に1回、つまり1年に2回実施しています。

当初は一橋大学の文系の学生だけでしたから、営業主体のインターンでしたが、現在は理系の大学や高専の学生も参加してくれているので、工場現場でのインターンも入ってきています。

夏は30名近く参加しますので、大学や高専を問わずシャッフルして3チームに分けています。テーマは参加者に事前に当社のことを調べてもらって、何をやりたいのかを自分たちで決めてもらいます。基本的には僕らが何をやりなさい、これをやりなさいと言うことはありません。

中には、「われわれが企画したワークショップをやらせてください」ということもありますし、浜野製作所でつくっているロボット（FACTORY ROBO）を歩かせたいという高専生もいました。

その高専生、いきなり僕に、「社長、動かないのはロボットといいません。あれを歩かせますから、インターンシップでやらせてください」と、ジャイロセンサーなどをつけて、歩かせるようにしてしまいました。インターンシップでは、それはもうみんな独自に好きなことをやってもらっていますが、それが浜野製作所の社員にいい刺激を与えてくれています。

2　自己紹介タイム、部長ヌキ会議の試み

▼僕の会社の面白い面々

何でも当事者意識をもってやれ、と僕が口やかましく言いつづけているせいかどうかはわかりませんが、今の浜野製作所の社員は明るくて積極的、しかも個性的なメンバーが揃っています。

会社のホームページには、スタッフのプロフィールが載っていて、みんな「笑顔の花を満開に咲かせましょう！」とか、「Do It Yourself. 自分のケツは自分で拭く」「迷ったら、やる。行動してみないと始まらない」とひと言ふた言、面白い言葉が書かれています。

いろいろな個性をもった人、タイプの違った人が集まって、「毎回毎回、創意工

夫をするところに発見があるんだ」と言って、結構みんな仕事を楽しんでやっているところがあると思います。

▼自己紹介タイムを設ける

現在、浜野製作所には50人の人間が働いています。

しかし、そんなスタッフについてみんながみんな、お互いによく知っているわけではありません。そこで週に一度、火曜日に全員を集めて、朝礼で全員の自己紹介タイムを設けていたことがあります。

中途入社の人間だったりすると、今は浜野製作所にいて金属の加工の仕事をしているのは知っているけれど、前職は何をやっていたのかを知らない、ということが結構あります。

会社に来て仕事をやって、時間になるとみんな帰っていくだけの生活ですと、各人各人が同じ職場にいる人のことをよく知らずに働いていることにもなります。

以前からいる人同士は仲がよく、お互いのことを結構知っていても、新しく会社に入った人のことはほとんど知らないというのではよくありません。

そこで、これまでのことを全部リセットして、あらためて全社員のプロフィールを共有する試みを朝礼ですることにしたのです。

▼社長のオレって、案外知られてないんだ……

「名前と出身地、男性は年齢も教えてください。女性でも勇気をもって言える人はどうぞ。前職もできれば教えてください。とにかく言えることだけでいいです」

まずは僕から始めました。

「僕は大学を卒業して板橋の町工場に入った。そこで7年間、○○の勉強をして、××のこういう経験をして……。だから実を言うと、今は事務所にいるけど、ベンダーだって溶接だって金型だってつくれるんだよ」

と言うと、スタッフから一斉に「え～」と驚いたような反応が返ってきます。あれ、オレって案外知られてなかったんだ、とあらためて思うのです。

次に専務の金岡、常務の片倉……と進んでいきます。

「岐阜県出身で○○大学を出てから、工作機械メーカーの××精機という会社に入りました。中学校時代は△△をやって、実を言うと……」

とスタッフが自己紹介をします。

▼社員の隠れた実力を知るための朝礼

前職のことを話してもらおうと思ったのは、面接をしてその人間を採用した人しか履歴書を見ていないからです。経歴など公開するようなことでもないので、一緒に働いている人は、彼が、彼女が、どんな経験をしてきたのか知りません。

前職でどんな技術を培ってきたのか、彼はどんな技術をもっているのか、彼女はどんな経験をしてきたのか。立ち話でちらっと話をすることもあるでしょうが、くわしくは知らない。

しかし、その人のもっている技術や経験は会社の資産です。中小企業ではそういった社員の隠れた技術や能力を、使い切れていないケースがたくさんあるのではないかと思います。

「今はこの仕事をやってもらっているけど、そうした経歴をもっているのなら、この仕事をしてもらおう」

「新しいホームページをつくるんだったら、社内に大手の××社でホームページをつくっていた人間がいるじゃないか。だったら、安易に採用せず、一度、その人に任せてみたらいいんじゃないか」

そんな会社の財産に気がつかない例がたくさんあるのではないでしょうか。それを1人3～4分、1日3～4人ずつ、ざっと話してもらって明らかにして、仕事に活かしていこうということです。

▼「役員、部長ヌキ」の若手だけの会議

浜野製作所では、役員、部長、副部長以外のスタッフだけの会議を開催しています。役員と部長、副部長などのいわゆる上長や役職者は入ってはいけない会議です。

この会議の発案者は僕です。

「会議というと、話す人、手を挙げる人はいつも同じ。そんな会議は週に1回やっても、月に1回やってもぜんぜん面白くない。変わり映えしない。ふだん、意見を聞けない人の意見をぜひ聞きたい」

と言ったところ、先輩や上司がいると、なかなか手を挙げられないと言います。

「じゃあ、そうした人ヌキで1回やってみようか」

ということで始めることにしました。

「会議をやる前に、まずみんなにどんな主旨で集まってもらったのか、はっきり議題に書こうよ。最終アウトプットをどこにしたいのか、そこだけ決めて、あとはみんなで自由に話してもらえばいいから」

ということで、営業部の若手の人間がみんなを集めて、若手会議は始まりました。

▼会議の声は必ず反映させる！

テーマは毎回決まっているわけではなく、参加者が決めています。会議の主旨は、会社の文句を言い合う会議ではなく、「どうやったらみんなが働きやすい職場になるかを、会社任せではなく自分自身も考える」ということです。

この会議で話し合われたことは議事録としてまとめられ、僕のところに報告がきます。議事録に掲載されていることは、たとえ「ここができていない」というような批判であっても、僕は甘んじて受けます。

ただし、「ここができていないとか、会社が悪い」と言うばかりでは、何も変わらないし何も生まれません。では、どうしたらよくなるのか、みんなが働きやすい場所になるのか、それを率直に話し合ってもらうようにしたいのです。

その発言内容、あるいは意見として議事録に書いてあることは、「組織改編」がテーマであれば、次の組織改編の際に何かしらのかたちで反映させます。「僕らの意見がきちんと採用されている」とわかるようにしています。

3 「生きていくため」にどうする？

▼生きていく要素とは何か？

僕は特別、部署とか役割によって部下の教育方法だとか指導方法を変えているわけではありませんが、人とのつながりを大事にして、これから20年も30年も最前線で活躍して頑張っていく、若手の経営者が中小企業から育っていかなければいけないと思っています。

まだ子どもが小さくて、これから学校に上がります、これから教育費もかかります、年老いた両親の面倒も見なきゃいけない、家も買いたい、という30代の若手の経営トップが中小企業には必要です。

そんな経営のトップになれそうな人に僕がいつも言っているのは、こむずかしい話ではなく、「生きていくためにはどうするんだ」ということです。

会社もそうですし、自分もそうですし、家族もそうです。さらに子どもも育てないといけないといったときに、生きていく要素には何があるんだろう、というロジックの解析です。

▼どうすればうまくいくかを考える

ただ「幸せになろう」と言っても幸せになれるわけではありません。幸せになるには、たとえば、売上を上げなければいけない。しかも、ただ売上を上げるだけではダメで、利益をきちんと出さないと会社はやっていけない。会社の売上・利益が上がったとしても、自分の働きがいはどうなんだろう……。

社員としての働き方がわかり、そのロジックの解析ができて、ちゃんとそこに紐づいた考察ができて、あとは具体的にどういうことをやったらいいのか。それにスケジュールを組み込んで実際に行動に移せるか。

そして自分だけでは、いろいろなことをやろうと思ってもやりきれないので、多くの仲間が、「この人と一緒に仕事をしたい」と言ってくれるような人間にならないといけない。

そのためにはいろいろな人に会ったり、いろいろなところに行ったり、いろいろ考えなければいけない。

今、浜野製作所には2人のトップ候補者がいるのですが、いつも僕はそんなことを語っています。

「とにかく机の上だけで仕事をするな。パートさんが困っていたら、パートさんの話に耳を傾けろ。誰が何に困っていて、何を必要としているのか。自分で結論を出すだけじゃなくて、どうやったらもっとうまくいくかをみんなの話を聞いて、みんなの意見をどうすれば汲み上げられるかを考える」

そうすることで一緒に仕事をする人の層が厚くなって、会社が一体化するのです。

そして何よりも、会社のビジョンの共有が大切です。

▼僕の代役で、ナマのBS放送に出てもらう

もうひとつ、経営者として期待する人に対しては、いろいろなところに顔を出させるべきと考えています。武者修行です。

あるBSテレビの有名番組に、経営企画部長の小林亮を僕の代わりに出演させたことがあります。ちょうど、僕が出張にあたっていて、生番組でしたのでピンチヒッターとしたのですが、武者修行というのも、その理由のひとつです。

一緒に出演していたのが、名前も顔もよく知られている国会議員や大学教授などばかりで、小林も大変な思いをしたはずです。しかも生番組なので、撮り直しはききません。そんな緊張の場を経験したことは、結果的にうまくいったか、いかなかったかは別にして、人生において、そのまま実になります。

社内で仕事をしているのと、外に出て畑違いの人と議論をするのとでは、まったく違います。まず、その場で何を言われるかわからない。どこでどう、司会者から振られるかわからない。緊張もしますし、怖い思いもします。

僕もそういう機会をもらっていろいろな経験をしてきましたが、今度は若い人が

どんどん社外に出て経験をしてほしいと思っています。

小林も、「すごく緊張したけれど、めったにできない経験をしました」と言っていました。テレビに出ていたのですから家族も見ていたはずで、「パパがテレビに出てる！」という家族の反応は、小林にとって、「ヨシ、また頑張るぞ！」という励みにもつながったと思います。

▼とにかく海外現地へ行ってみなさい

「社長候補」という意味ではないのですが、2017年夏から毎月、浜野製作所から若手を1人、シンガポール、マレーシア、フィリピンへと半年間ほど、派遣しつづけています。海外ベンチャーに対する、ものづくりのサポートということを狙いにしたもので、リバネスのテックプランター（海外でも開催している）に同行させてもらい、若手の経験を深めたのです。

海外派遣をした目的のひとつは、やはり、日本市場がどんどん小さくなっていることです。町工場といっても、世界に目を向けていきたい、ということがあります。

2つ目は、僕らのもっている技術や経験が、世界のあちこちで新しい製品づくり、新しいもの、あるいは新しいことにチャレンジしようという人たちに、何か役立ってもらえる部分があるのではないか、と思ったわけです。

それを特別に、「墨田区内に限る」とか「東京」「日本」に限って活動するとか、そのような目線で考えるのではなく、グローバルに活動していきたいということです。といっても、われわれには海外になんの販路も、懇意にしている企業もありません。

そこで、現在、リバネスがアジア各地で海外展開をされているので、ご一緒させていただいているわけです。

若手には、「とにかく1回現地に行きなさい」と送り出しました。「現地現場」に顔を出して、その土地の匂い、肌感を直接感じてくる。要は、どういう状況なのかを自分の目で確かめてくるということです。YouTubeで見たとか、本を読んで知ったとか、ネットで調べたということではなく、「現地現場」主義で自分で行く、見る、感じてくる。それが大事だと思っています。

それで2017年の8月から、毎月、派遣するようにしました。シンガポールなどのベンチャー企業が投資家向けに行なうベンチャーピッチを聞き、それに対してコメントしたり、浜野製作所ではどんなものがつくれるのか、その相談をお受けしたりしています。

特別、人を育てるといった意識はもっていませんが、逆に、インターン生の効果、若手からの「役職ヌキ会議」の提案、緊張のテレビ出演などを通し、役職に関係なく、仲間のこと、会社全体のこと、常に大きな視野で前向きに仕事に携わってほしいと思っています。

おわりに――「お客様・スタッフ・地域」に感謝

今回、浜野製作所の書籍を出版する機会を与えていただいたリバネスの方々に感謝をしたい。僕や浜野製作所がこれまでやってきた経験・試みを本のかたちで皆さんに読んでもらうなんてことは、夢にも思っていなかったからです。

また、本書を制作していくなかで、「お客様・スタッフ・地域」にお役に立てるような会社になっていかないといけない、とあらためて肝に銘じました。本書を読んでいただいた人たちの1人でも、2人でも、日本の町工場に希望を感じてくれたら嬉しいです。

僕は「お客様・スタッフ・地域（墨田のみならず、東京、日本も含め）」に感謝し、還元していきたいと願いつつ、今日も昨日とは少しずつ違うチャレンジをしながら、胸を張って前へ進んでいきたいと思います。

著者紹介　**浜野慶一**（はまの・けいいち）

浜野製作所代表取締役。1962年東京都墨田区生まれ、1985年東海大学政治経済学部経営学科卒業、同年都内板橋区の精密板金加工メーカーに就職。1993年創業者・浜野嘉彦氏の死去に伴い、浜野製作所（金属加工）の代表取締役に就任、現在に至る。
「お客様・スタッフ・地域」への感謝、還元を経営理念としている。産学官連携としての電気自動車「HOKUSAI」、深海探査艇「江戸っ子一号」、異業種連携としてアウトオブキッザニアによる工作教室、工場巡りツアー・スミファを主催する「配財プロジェクト」、さらにはベンチャー企業を支援する「Garage Sumida」など、多数のプロジェクト事業に取り組んでいる。現在、中小ものづくり企業で最も注目されている経営者のひとり。

大廃業時代の町工場生き残り戦略
〜浜野製作所奮闘記〜

発行日 2018年10月1日　第1刷

著　者　浜野 慶一
発行者　丸 幸弘
発　行　リバネス出版（株式会社リバネス）
　　　　東京都新宿区下宮比町 1-4　飯田橋御幸ビル5階
　　　　電 話　03-5227-4198
　　　　FAX　03-5227-4199
　　　　URL　https://lne.st
編　集　長谷川 和宏　畑中 隆
印　刷　株式会社 三島印刷

定価はカバーに表示してあります。
乱丁・落丁本はお手数ですが弊社宛にてお送りください。
送料小社負担でお取り替え致します。

ISBN 978-4-86662-029-9